T0208820

essentials

essentials liefern aktuelles Wissen in konzentrierter Form. Die Essenz dessen, worauf es als „State-of-the-Art" in der gegenwärtigen Fachdiskussion oder in der Praxis ankommt. *essentials* informieren schnell, unkompliziert und verständlich

- als Einführung in ein aktuelles Thema aus Ihrem Fachgebiet
- als Einstieg in ein für Sie noch unbekanntes Themenfeld
- als Einblick, um zum Thema mitreden zu können

Die Bücher in elektronischer und gedruckter Form bringen das Expertenwissen von Springer-Fachautoren kompakt zur Darstellung. Sie sind besonders für die Nutzung als eBook auf Tablet-PCs, eBook-Readern und Smartphones geeignet. *essentials:* Wissensbausteine aus den Wirtschafts, Sozial- und Geisteswissenschaften, aus Technik und Naturwissenschaften sowie aus Medizin, Psychologie und Gesundheitsberufen. Von renommierten Autoren aller Springer-Verlagsmarken.

Weitere Bände in der Reihe http://www.springer.com/series/13088

Jörg Middendorf

Lösungsorientiertes Coaching

Kurzzeit-Coaching für die Praxis

2., korrigierte Auflage

Jörg Middendorf
BCO Büro für Coaching und
Organisationsberatung
Frechen-Königsdorf, Deutschland

ISSN 2197-6708   ISSN 2197-6716   (electronic)
essentials
ISBN 978-3-658-25796-5   ISBN 978-3-658-25797-2   (eBook)
https://doi.org/10.1007/978-3-658-25797-2

Die Deutsche Nationalbibliothek verzeichnet diese Publikation in der Deutschen Nationalbiblio-
grafie; detaillierte bibliografische Daten sind im Internet über http://dnb.d-nb.de abrufbar.

Springer ist ein Imprint der eingetragenen Gesellschaft Springer Fachmedien Wiesbaden GmbH
und ist ein Teil von Springer Nature
Die Anschrift der Gesellschaft ist: Abraham-Lincoln-Str. 46, 65189 Wiesbaden, Germany

Was Sie in diesem *essential* finden können

- Eine Einführung in das lösungsorientierte Arbeiten mit Menschen
- Eine klare Anleitung zur Durchführung lösungsorientierter Coachings
- Über 130 lösungsorientierte Fragen zur sofortigen Verwendung im Coaching
- Konkretes Handwerkszeug für Ihr Coaching und Anregungen zum Umgang mit schwierigen Situationen im Coaching

Inhaltsverzeichnis

Über den Autor

Jörg Middendorf ist Diplom-Psychologe, Senior Coach (DBVC) und leitet das BCO Büro für Coaching und Organisationsberatung bei Köln. BCO

Jörg Middendorf
Augustinusstraße 11d
50226 Frechen-Königsdorf
E-Mail: info@bco-koeln.de
Web: www.BCO-Koeln.de

Visualisierungen/Bildnachweis

Herzlichen Dank an Jörg Schmidt!

Die Visualisierungen für das Buch stammen aus der Feder von Jörg Schmidt: Mediator, Moderator und Trainer für Visualisierungen in Trainings und Workshops.

Mehr Informationen unter www.einfach-visualisieren.com.

Einleitung

„Was führt Sie zu mir?" So harmlos sich diese Frage auch anhören mag, so gravierend können die Konsequenzen für den weiteren Verlauf des Gesprächs sein. Dies durfte Steve de Shazer (Mitbegründer des lösungsfokussierten Ansatzes) am eigenen Leibe erfahren, als er mit einer Familie arbeitete und diese Frage stellte. Eigentlich wollte er nur hören, mit welchem Anliegen die Familie zu ihm und seinen Kollegen in die Beratung gekommen war. Das Ergebnis war allerdings ein hitziges Gespräch zwischen den Familienmitgliedern sowie am Ende einer turbulenten Beratungssitzung 27 unterschiedliche Probleme, die von der Familie als Grund für die Beratung genannt wurden. Dem Beraterteam um de Shazer fiel es schwer, sich am Ende der Sitzung eine Intervention auszudenken, die diesen 27 Problemen gerecht werden könnte. Daher baten sie die Familie, in den nächsten zwei Wochen einfach darauf zu achten, was in ihrem Leben gut läuft und was erhalten bleiben soll. Nach zwei Wochen kamen die Familienmitglieder in die Beratung und berichteten, dass nun alles sehr viel besser laufe und dass sie das Gefühl hätten, dass ihre Probleme gelöst seien. Die Lösungsfokussierung war geboren!

Ähnlich erhellend war es für mich, als ich gegen Ende meines Psychologie-Studiums in den 1990ern einen neuen Professor in Klinischer Psychologie bekam (Prof. Dr. Schiepek), der uns zum ersten Mal etwas von systemischen Ansätzen und der lösungsfokussierten Gesprächsführung von Steve de Shazer erzählte. Bis dahin hatte ich mich in der klinischen Psychologie hauptsächlich mit der Diagnose und Analyse von Problemen, problematischen Verhaltensweisen und der Umwelt, in der das problematische Verhalten stattfand, beschäftigt. Nun hörte ich auf einmal, dass der Weg zu mehr Zufriedenheit vielleicht gar nicht über das Verständnis der Probleme, sondern über ein attraktives Ziel und das Wahrnehmen der eigenen Ressourcen führte. Die Lösung kann ganz unabhängig von

© Springer Fachmedien Wiesbaden GmbH, ein Teil von Springer Nature 2019   1
J. Middendorf, *Lösungsorientiertes Coaching,* essentials,
https://doi.org/10.1007/978-3-658-25797-2_1

den Problemen sein! Begeistert von der Leichtigkeit dieses Ansatzes, probierten wir diese neue Art zu denken auch gleich an uns aus, luden Test-Klienten ein, mit denen wir arbeiteten und bekamen sogar Besuch von Steve De Shazer, um seine Arbeit live erleben zu können. Schnell wurde deutlich, dass das lösungs-fokussierte Arbeiten nicht nur in der Therapie und Beratung neue Möglichkeiten eröffnete, sondern in jeder Form menschlicher Interaktion ganz neue Perspekti-ven des Zusammenwirkens aufzeigte. Damit begann für mich eine nunmehr über 20 Jahre andauernde Begeisterung für Lösungen und ein relativ großes Des-interesse gegenüber Problemen.

Mit diesem kompakten Buch möchte ich nun etwas von dieser Begeisterung für die *Lösungsfokussierung* und deren Leichtigkeit weitergeben. Dabei wer-den in erster Linie Coaches und Berater angesprochen, die ihre Tätigkeit durch das lösungsorientierte Arbeiten bereichern möchten. Gleichzeitig lassen sich die grundlegenden Prinzipien der lösungsorientierten Arbeit auch gut auf das Führen von Mitarbeitern übertragen. Dementsprechend werden auch Personalverantwort-liche viele Anregungen für ihre tägliche Führungspraxis finden.

Im Folgenden wird das Wort „Lösungsfokussierung" synonym zum Wort „Lösungsorientierung" verwendet. Auch wenn Steve de Shazer betonte, dass es so etwas wie „Lösungsorientierung" in seinem Ansatz nicht gibt (entweder lösungsfokussiert oder eben nicht), hat sich im deutschsprachigen Raum der Begriff Lösungsorientierung etwas mehr durchgesetzt. Ein Praxisband zum Thema lösungsorientiertes Coaching ist aber kaum der passende Ort für eine semantische und sprachphilosophische Grundsatzdiskussion. Vielmehr soll der vorliegende Band aus der *essentials*-Reihe in aller Kürze die Grundlagen der Lösungsfokussierung, deren Anwendung in Coaching-Gesprächen, einen konkre-ten Beratungsablauf und zentrales Handwerkzeug für die Beratung beschreiben. Zusätzlich sollen über 130 lösungsfokussierte Fragen Ihr eigenes lösungs-fokussiertes Denken anregen. Während der Lektüre werden Sie feststellen, dass lösungsorientierte Gespräche ganz leicht sein können, dass Sie bereits viel wissen und können und daher das Buch nur noch ein weiterer Anlass ist, um in Zukunft vielleicht noch etwas mehr Lösungsfokus zu wagen!

Viel Spaß dabei! Jörg Middendorf

Lösungsfokussierung 2

2.1 Steve de Shazer und das Brief Family Therapy Center

Das lösungsfokussierte Coaching hat, wie die meisten Coaching-Ansätze, seine Ursprünge in der Psychotherapie. Die Wirksamkeit des Ansatzes und seine neuartigen Paradigmen haben Berater in aller Welt ermuntert, diesen Ansatz auch auf weitere Beratungsformen zu übertragen und zu adaptieren. Zum besseren Verständnis des lösungsfokussierten Coachings erhalten Sie hier einen knappen Überblick über die Geschichte und die Grundgedanken der Lösungsfokussierten Gesprächsführung.

Die Lösungsfokussierte Therapie (SFBT, Solution-Focused Brief Therapy), ihre Grundgedanken und ihre Interventionen (z. B. Skalen-Fragen oder die Wunderfrage) sind heute in aller Munde und oft ganz selbstverständliche Teile moderner Beratungsansätze. Dabei ist die Lösungsfokussierte Therapie im Vergleich zu vielen anderen Therapieformen noch gar nicht so alt. Erst 1982 wurde dieser Ansatz von Steve de Shazer (1940–2005) und Insoo Kim Berg (1934–2007) vorgestellt. Steve de Shazer hatte sich schon Ende der 1960er Jahre intensiv mit neuen Interventionsformen und deren Wirksamkeit in der Psychotherapie beschäftigt. Dabei wurde er auch durch die Arbeit von Milton Erickson und seinem hypnotherapeutischen Ansatz beeinflusst. Dessen Verständnis für die Ressourcen des

---

Aus Gründen der Lesbarkeit wird auf die gleichzeitige Verwendung männlicher und weiblicher Sprachformen verzichtet. Sämtliche Personenbezeichnungen gelten gleichwohl für beiderlei Geschlechter.

© Springer Fachmedien Wiesbaden GmbH, ein Teil von Springer Nature 2019
J. Middendorf, *Lösungsorientiertes Coaching, essentials*,
https://doi.org/10.1007/978-3-658-25797-2_2

Klienten als Ansatzpunkt für die Lösung von Problemen und ein zufriedeneres Leben waren ein wichtiger Ausgangspunkt für die Grundprinzipien der Lösungsfokussierten Therapie und deren Sichtweise auf Klienten. De Shazer wurde außerdem stark durch die Arbeiten der Palo Alto Gruppe (MRI, Mental Research Institute) und die Schule der Mailänder Familientherapeuten (Centro per lo Studio della Famiglia) beeinflusst. Beide Gruppen entwickelten im Rahmen ihrer familientherapeutischen Ansätze auch kurzzeittherapeutische Vorgehensweisen. Die Auseinandersetzung mit diesen systemischen kurzzeittherapeutischen Ansätzen bildeten zusammen mit der ressourcenorientierten Sichtweise von Milton Erickson den fruchtbaren Boden für eine weitere Entwicklung, die dann in das Brief Family Therapy Center (BFTC) mündete, welches 1978 von Steve de Shazer, Insoo Kim Berg und anderen gegründet wurde. Es war der Zusammenschluss einer Gruppe von Therapeuten, die sich als Trainings- und Forschungsgruppe verstanden. Neben Steve de Shazer und Insoo Kim Berg gehörten zum Kern des BFTC noch u. a. Eve Lipchik, Elam Nunnally und Alex Molar. Ziel des BFTC war es möglichst effektive und effiziente Wege zu finden, um Klienten zu helfen. Dafür experimentierte die Gruppe mit unterschiedlichen Ansätzen und richtete im Haus von Steve de Shazer und Insoo Kim Berg Therapieräume ein, die durch Einwegspiegel, Kameras und Videorekorder sowie eine Gruppe von Beobachtern für jede Sitzung zu einem Ort intensiver Diskussion und Entwicklung einer neuen Therapieform wurden. Dabei stellte sich sehr bald eine Erkenntnis ein, die den BFTC-Ansatz von allen etablierten Therapieansätzen unterschied: Interventionen, die zur Lösung führen, müssen nichts mit den Ursachen der Klientenprobleme zu tun haben. Probleme können kompliziert und vielschichtig sein, sie können eine lange Historie haben und sehr schwerwiegend sein. All das bedeutet aber nicht, dass die Interventionen, die zur Lösung führen, ebenfalls kompliziert oder vielschichtig sein müssen. Steve de Shazer nutzte zur Erläuterung dieses Sachverhaltes das Bild eines Dietrichs. Das Problem ist in diesem Bild ein kompliziertes Schloss, welches die Klienten mit den Ihnen zur Verfügung stehenden Mitteln nicht öffnen können. Die Lösung liegt aber natürlich nicht im Schloss (Problem) verborgen, sondern in der Verwendung des passenden Schlüssels. Doch um das komplizierte Schloss zu öffnen, brauche ich nicht einen ebenso komplizierten Schlüssel, sondern es reicht ein Dietrich, der dieses Schloss und vielleicht sogar auch viele andere Schlösser öffnen kann. So kann das vom Klienten geschilderte Problem extrem komplex und kompliziert sein und die Lösung gleichzeitig sehr überschaubar und einfach (Steve de Shazer 1985).

Diese Sichtweise entspricht auch den sozial-konstruktivistischen Wurzeln der Arbeiten vom BFTC: Wir schaffen uns unsere eigene Realität, aufgrund derer wir agieren und reagieren. Wenn ein Klient seine Realität inklusive seines Problems beschreibt, so ist es höchst unwahrscheinlich, dass ich ihn wirklich verstehe und die Dinge genauso sehe, wie er oder sie sie gemeint hat. Schließlich gelten in den von uns konstruierten Welten nicht unbedingt die gleichen Gesetzmäßigkeiten und Zusammenhänge. Allerdings ist es auch nicht notwendig den Klienten und seine Wirklichkeit vollkommen zu verstehen, da mein Verständnis von seiner Situation den Klienten nicht näher an seine Lösung bringt. Vielmehr ist es wichtig, dass er in seiner Welt etwas anderes macht als bisher und damit eine Bewegung in Gang setzt, die ihn seiner individuellen Lösung näherbringt. Nach de Shazer gibt es daher zwischen Klient und Therapeut so etwas wie echtes Verstehen gar nicht, so dass es daher auch keinen Sinn macht, das Problem des Klienten zu analysieren. Nützliche Arten des Missverstehens reichen vollkommen aus. Daher geht der lösungsfokussierte Ansatz davon aus, dass die wünschenswerte Zukunft nur vom Klienten konstruiert und kreiert werden kann und muss. Wir sind nicht Sklaven unserer Vergangenheit, sondern können unsere eigene Zukunft entwerfen, um dann selbstständig die eigenen Schritte zu definieren und zu dieser Zukunft zu gelangen. Der Therapeut und Berater hilft dabei, die wünschenswerte Zukunft sowie die eigenen Ressourcen zu entdecken, damit das Ziel auch Realität werden kann. Die dazu notwendigen Ressourcen findet jeder Klient in sich selbst und seiner Umgebung. Dabei reichen oft schon kleine Veränderungen aus, damit eine größere Veränderung auf den gewünschten Weg gebracht wird.

Diese und weitere Prinzipien wurden von Anfang an von der Gruppe und einzelnen Mitgliedern des BFTC auf andere Kontexte übertragen, so dass der lösungsfokussierte Ansatz nicht nur in der Psychotherapie, sondern schnell auch in der sozialen Arbeit, in der Mitarbeiterführung, der Teamentwicklung und später auch im Coaching Eingang fand. Daher lassen sich die Erkenntnisse auch in nahezu allen Situationen professioneller menschlicher Interaktionen anwenden. Zu betonen ist auch, dass der Ansatz selbst im Laufe der Zeit durch Mitglieder des BFTC und Menschen in aller Welt, die sich von den Möglichkeiten des Ansatzes haben anregen lassen, weiterentwickelt wurde. Dies gilt natürlich auch für den Bereich des lösungsfokussierten Coachings. So gibt es im Coaching nicht den einen Ansatz, sondern es gibt eine Reihe von unterschiedlichen Ansätzen, die aber alle den gleichen Ursprung in der Geschichte des BFTC haben und zentrale Grundannahmen und Prinzipien teilen, die nun im Einzelnen vorgestellt werden sollen.

2.2   Grundannahmen der Lösungsfokussierung

Die Lösungsfokussierte Gesprächsführung ist kein Ansatz, der sich aufgrund von theoretischen Überlegungen entwickelt hat. Er ist vielmehr aus der Praxis entstanden und hat sich in stetiger Auseinandersetzung mit den Klienten, Therapeuten und anderen Beratern weiterentwickelt. Natürlich verbanden diese Berater teilweise ähnliche Grundannahmen, doch gab es kein theoretisches, in sich geschlossenes Gesamtkonzept, welches den Interventionen und Prozessen des lösungsfokussierten Ansatzes vorausging. Wenn überhaupt, so entstand eine entsprechende Grundlage eher evolutionär mit den Jahren und beschrieb eine schon lange geübte Praxis. Daher wird man in unterschiedlichen Schriften von de Shazer und seinen Kolleginnen auch immer wieder unterschiedliche Aspekte finden, die als Grundannahmen des Ansatzes beschrieben werden. Diese Aspekte können von den philosophischen Anleihen bei Ludwig Wittgenstein, über Grundannahmen verwandter Beratungsansätze (z. B. des MRI in Palo Alto oder Milton Erickson) bis hin zu sehr konkreten Leitideen der lösungsfokussierten Arbeit gehen, die im Folgenden dargestellt werden.

In einem Handout für Studenten (siehe Literaturhinweis Student's Corner) beschrieb zum Beispiel Insoo Kim Berg sehr minimalistisch zwei zentrale Grundannahmen der lösungsfokussierten Arbeit folgendermaßen:

1. Die Zukunft wird erschaffen und ist verhandelbar, da wir nicht Sklaven unserer Vergangenheit sind.
2. Klienten haben alle Ressourcen, Fähigkeiten und das Wissen, um ihr Leben besser zu machen, wenn sie entscheiden, dass dies gut für sie ist und sie es wollen.

Diese zwei Grundannahmen beruhen auf einer Reihe systemischer Anschauungen über die Natur von Problemen, Lösungen, Klienten und Beratern. So zum Beispiel, dass die meisten Probleme aus der Sichtweise des Klienten (soziale Konstruktion) und seiner Interaktion mit der Welt (Kontextabhängigkeit) entstehen. Durch die Überzeugung „das Richtige" immer wieder zu tun, werden Probleme oft erst aufrechterhalten. Lösungen entstehen dagegen dann, wenn man etwas anders macht als zuvor. Dies gilt sowohl für Klienten wie auch für Berater (wenn etwas nicht funktioniert, mache etwas anderes).

Die Betonung des sozialen Kontextes ist für die Lösung ebenfalls von besonderer Bedeutung: Veränderungen in einem Element des Systems oder der Beziehung der Elemente zueinander beeinflussen immer auch die übrigen Elemente des Systems. Ein System kann hier sowohl ein soziales System (Team, Gruppe, Familien,…) oder auch das innerpsychische System einer Person sein. Das heißt aber auch, dass sich Veränderungen gar nicht verhindern lassen, sobald sich auch nur ein kleiner Teil des Systems in Bewegung setzt. Für eine Bewegung in Richtung Lösung reicht es daher oft schon aus, dass sich „Kleinigkeiten" verändern. Dieses Prinzip ist unabhängig von der Größe oder Komplexität des ursprünglichen Problems, da Lösungen unabhängig vom Problem funktionieren.

Aus meiner Sicht findet man die klarste Zusammenfassung von Grundannahmen der lösungsfokussierten Arbeit im letzten Buch von Steve de Shazer, welches posthum veröffentlicht wurde (de Shazer und Dolan 2007). Dort werden acht sogenannte „Lehrsätze" zusammengefasst.

1. Was nicht kaputt ist, muss man auch nicht reparieren

Dieser Lehrsatz klingt fast banal, doch ist er von entscheidender Bedeutung, da er die Kompetenz des Klienten betont. Hat der Klient einen Weg gefunden mit seinem Problem umzugehen, ist es nicht am Berater ein Problem hinter dem Problem zu finden, auf verborgene Probleme oder noch bessere (aus Sicht des Beraters) Ziele hinzuarbeiten. Es gibt kein Ziel hinter dem Ziel, welches der

Berater herausfinden muss. Gerade im Coaching müssen wir uns davon verabschieden, dass wir einem defizitbehafteten Menschen gegenüberstehen, dem
geholfen werden muss. Vielmehr begegnen sich im Coaching zwei kompetente
Erwachsene auf Augenhöhe, die sich mit der erwünschten Zukunft des Klienten
und seinen Ressourcen zur Erreichung derselben beschäftigen. Der Klient muss
also nicht in irgendeiner Weise „repariert" (geheilt, belehrt, verbessert,…) werden. Durch das gemeinsame laute Denken und Betrachten einer Situation soll nur
die Sichtweise erweitert werden, damit aktuell nicht zugängliche Möglichkeiten
zurück ins Sichtfeld des Coaching-Klienten kommen.

2. Das, was funktioniert, sollte man häufiger tun

Auch dieses Prinzip setzt bei der Kompetenz des Klienten an. Zeigt dieser bereits
Verhaltensweisen, die zu einer Verbesserung der Situation führen, so gilt es diese
zu verstärken, da sie ja offensichtlich für ihn funktionieren. Der Berater beurteilt
also nicht, ob dies eine gute oder schlechte Strategie ist, mit der Situation umzugehen, sondern hilft dem Klienten in seinem eigenen Verhalten Ressourcen zu
entdecken, die schon vorhanden sind und die ggf. noch effektiver oder häufiger
genutzt werden können. Im lösungsfokussierten Coaching geschieht dies zum
Beispiel durch die Aufmerksamkeitslenkung auf das, was funktioniert. Viele
Coaching-Klienten sind durch die aktuelle Problemsicht so von ihren Ressourcen abgeschnitten, dass sie gar nicht erkennen, was schon alles funktioniert und
welche Kompetenzen sie zur Verfügung haben. Das Coaching kann dann schon
dadurch erfolgreich beendet werden, dass der Klient wieder Zugang zu all den
Verhaltensweisen und -strategien erhält, die er schon in seinem Sinne richtig
macht.

3. Wenn etwas nicht funktioniert, sollte man etwas anderes probieren

Die Erkenntnis wurde schon vor langer Zeit von Paul Watzlawick beschrieben, als er bemerkte, dass die meisten Probleme erst dadurch entstehen, dass immer die gleichen Lösungsansätze verfolgt werden. Führen diese Lösungsversuche nicht zum gewünschten Erfolg, egal wie brillant oder logisch sie auch erscheinen mögen, so ist es besser etwas anderes zu versuchen. Dies gilt sowohl für den Klienten wie auch für den Berater. Sollte der Berater gerade frisch von einer Fortbildung gekommen sein und ein „ganz tolles Coaching-Tool" gelernt haben, welches aber leider vom Klienten nicht aufgenommen wird, dann gilt es nicht, sich durchzusetzen und auf die Beantwortung einer Frage, dem Durchführen einer sogenannten Hausaufgabe etc. zu beharren, sondern einfach etwas anderes zu machen.

4. Kleine Schritte können zu großen Veränderungen führen

Hier wird betont, dass der lösungsfokussierte Ansatz eher auf viele kleine, dafür aber machbare Schritte setzt, als auf die große Veränderung. Dieser Lehrsatz betont gleichzeitig die systemische Anschauung, dass die Bewegung in einem Teil des Systems immer auch die Bewegung des gesamten Systems zur Folge hat. Gerade im Coaching kommt diesem Lehrsatz eine besondere Bedeutung zu, da hier ja in der Regel mit erwachsenen, kompetenten Persönlichkeiten gearbeitet wird, die über eine Vielzahl von Ressourcen und Verhaltensstrategien verfügen. Einmal in Bewegung gekommen, können unsere Klienten oft sehr schnell die für sie nächsten hilfreichen Schritte ohne Unterstützung des Coachs angehen.

5. Die Lösung hängt nicht zwangsläufig mit dem Problem direkt zusammen

Anstatt mit einer Diagnose und Problemanalyse zu beginnen, um so zur passenden Intervention zu gelangen, die dann hoffentlich zum Ziel führt, geht der lösungsfokussierte Ansatz genau andersherum vor. Wir beginnen mit der gewünschten Zukunft und suchen dann Ressourcen, die uns dieser Zukunft näherbringen. Der Unterschied ist frappierend! Die Beschäftigung mit einer gewünschten Zukunft setzt in der Regel Kreativität und weitere positive Ressourcen frei. Die Beschäftigung mit dem Problem führt dagegen selten zu Euphorie und Freude. Besonders deutlich wird dies in der Arbeit mit Gruppen: Beginnt man mit der Analyse des Problems eines Teams, wird man schnell merken, wie sehr sich die Gruppe zurückzieht und Verteidigungslinien aufbaut, da jeder instinktiv merkt, dass er bei der Ursachenanalyse als Schuldiger herauskommen kann. Geht man dagegen direkt von einer positiven Zukunft aus, kommt die Frage nach der Ursache bzw. der Schuld gar nicht auf. Es geht ja nur darum etwas Positives zu erreichen und zu sehen, wer welchen Beitrag leisten kann. Eine vollständig andere Atmosphäre zum Arbeiten entsteht. Und dies gilt auch im Einzel-Coaching. Ein positives Zukunftsbild als Ausgangspunkt setzt die Ressourcen des Klienten frei, die dann zu Lösungen führen können, auf die man nicht gekommen wäre, wenn der Ausgangspunkt das Problem gewesen wäre.

6. Die Sprache der Lösungsentwicklung ist eine andere als die, die zur Problembeschreibung notwendig ist

Dieser Lehrsatz bezieht sich wohl von allen Lehrsätzen am direktesten auf die analytische Philosophie von Ludwig Wittgenstein. Er macht darauf aufmerksam, dass das Sprechen über Probleme eine andere Sichtweise auf die Situation wahrscheinlich macht als das Sprechen über Lösungen (siehe auch die Anmerkungen zum 5. Lehrsatz). Die bewusste Verwendung von Sprache ist daher eine zentrale Kompetenz von lösungsfokussierten Beratern. Das verlangt ein scharfes Überdenken der impliziten Vorannahmen der eigenen Sprache und deren mögliche Auswirkungen auf das Gegenüber. Zur Problemsprache würden Fragen gehören wie: „Was ist das Problem? Wieso ist es so schwierig? Wie fühlen Sie sich dabei, wenn es nicht klappt?", etc. Lösungssprache fragt dagegen: „Was ist Ihre größte Hoffnung für die Auswirkungen unseres Gesprächs? Wo gibt es schon erste Anzeichen für diese erwünschte Zukunft? Wie haben Sie es geschafft so weit zu kommen?", etc.

7. Kein Problem besteht ohne Unterlass; es gibt immer Ausnahmen, die genutzt werden können

Veränderungen lassen sich in der realen Welt nicht verhindern. Es gibt keinen vollkommenen Stillstand. Daher kann auch ein Problem nicht immer hundertprozentig gleich sein. Das wird in der lösungsfokussierten Arbeit als Ausgangspunkt für eine der zentralen Interventionen genutzt: Wann war das Problem weniger schlimm? Wann war die Situation besser? Diesen Unterschied zwischen dem Problem zu einer Zeit, in der es groß bzw. weniger groß war, kann man in Verbindung mit den Gedanken der Lehrsätze 2 und 4 nutzen: Mache mehr von dem, was dazu geführt hat, dass das Problem weniger groß war! Egal wie klein der

Schritt ist, es ist ein Schritt in Richtung Lösung. In den letzten Jahren hat sich in Teilen der lösungsorientierten Beratungsszene sogar durchgesetzt nicht einmal mehr nach „Ausnahmen vom Problem" zu suchen, da dadurch wieder das Problem ein Stück weit in den Fokus rückt. Vielmehr versucht man zusammen mit dem Klienten konsequent erste „Anzeichen für die erwünschte Zukunft" zu entdecken. Ein Weiterentwicklung, die sicherlich ganz im Sinne de Shazers und Insso Kim Bergs ist, da so noch konsequenter die Zukunft in den Fokus genommen wird.

8. Die Zukunft ist sowohl etwas Geschaffenes als auch etwas Verhandelbares

Diesen Lehrsatz haben wir bereits oben bei den zwei zentralen Grundannahmen gesehen, die von Insoo Kim Berg an Studenten weitergegeben wurden. Er sieht den Klienten als Herrn seiner eigenen Zukunft. Vielleicht braucht der Klient ein wenig Unterstützung beim Erkennen seiner Möglichkeiten, doch gibt es keinen Zwang aus der Vergangenheit, der einem vorschreibt, wie die Zukunft auszusehen hat. Auch hier wird deutlich, wie wenig uns die Analyse der Vergangenheit und das Verständnis des Problems bei der Gestaltung der Lösung bzw. der Vergangenheit helfen kann.

Diese Leitgedanken verdeutlichen zentrale Annahmen und Prinzipien der lösungsfokussierten Arbeit mit Klienten. Dabei ist es tatsächlich unerheblich, ob mit den Klienten im therapeutischen Bereich, im Coaching oder der sozialen Arbeit gearbeitet wird. Die oben genannten Prinzipien lassen sich auf die Arbeit mit allen Menschen anwenden. Dass es sich dabei eher um hilfreiche Grundannahmen als um starre Lehrsätze handelt, sollte schon durch die angedeuteten Weiterentwicklungen deutlich geworden sein.

Für das Coaching könnte man meinen, dass heutzutage viele der genannten Grundannahmen fast schon Common Sense sind. Dennoch wird auch im Coaching oft noch von Diagnosephase, von Problemanalysen und Zielen hinter dem Ziel gesprochen. Dies zeigt, dass sich hinter einer oft oberflächlichen Lösungs- und Ressourcenorientierung eine traditionelle problemorientierte Haltung verbirgt. Diese Haltung wird sich unweigerlich in Sprache niederschlagen und eine konsequente lösungsfokussierte Sprache (siehe 6. Lehrsatz) und Vorgehensweise verhindern. Dies ist natürlich vollkommen legitim, solange es bewusst geschieht und vom Berater gewollt ist. Möchte man auf der anderen Seite „eigentlich" lösungsfokussiert arbeiten, lohnt es sich, die eigene Praxis anhand der genannten Lehrsätze zu reflektieren und implizite Vorannahmen im Coaching systematisch zu überprüfen, um die bereits vorhandenen lösungsfokussierten Ansätze der eigenen Arbeit systematisch zu stärken.

2.3 Die klassische Sitzung der Lösungsfokussierten Gesprächsführung

Grundsätzlich sollte jedes Gespräch so geführt werden, als wäre es auch das letzte Gespräch. Da davon ausgegangen wird, dass auch kleine Veränderungen ausreichen, um einen entscheidenden Unterschied zu machen, gibt es keinen Grund anzunehmen, dass eine lösungsfokussierte Beratung (Therapie oder auch Coaching) über viele Sitzungen stattfinden sollte oder gar muss. Der folgende Abschnitt beschreibt einen bzw. zwei klassische Abläufe der Lösungsfokussierten Gesprächsführung. Je nach Quelle und Zeitpunkt der Veröffentlichung kann selbst der klassische Ablauf Unterschiede aufweisen, da sich der Ansatz stetig weiterentwickelt hat. Auch stellt der folgende Ablauf nicht unbedingt den aktuellsten Stand eines lösungsfokussierten Gesprächs dar, sondern eben einen eher frühen, klassischen Ablauf.

1. Joining
Wie bei jeder Form der Beratung, so gibt es auch in der Lösungsfokussierten Gesprächsführung eine Art Joining. Das heißt, dass eine positive Arbeitsatmosphäre geschaffen werden sollte. Hier wird nach Möglichkeit noch nicht lange über das Thema bzw. das Problem gesprochen, sondern nur über den Rahmen und die Vereinbarungen, die für das Coaching und die vertrauensvolle Zusammenarbeit wichtig sind. Ziel ist der Aufbau einer positiven und

vertrauensvollen Arbeitsatmosphäre. Dennoch ist das Berichten des Problems vielen Klienten ein Anliegen, weshalb Insoo Kim Berg und Peter De Jong auch davon sprechen, dass der erste Schritt auch die Beschreibung des Problems sein kann bzw. oftmals ist (1998).

2. Ziel

An dieser Stelle würde in den meisten anderen Ansätzen eine Anamnese, Diagnose oder Problemanalyse stehen. Dies lehnt das lösungsfokussierte Coaching als nicht hilfreich ab und erkundet stattdessen das Ziel des Klienten. Getreu der Grundannahme, dass das Ziel sowieso unabhängig vom Problem ist, es am Ende aber um die Zielerreichung geht, spricht man ab jetzt nur noch über das Ziel.

3. Ausnahmen vom Problem

Der Coach hilft dem Klienten nun durch Fragen Ausnahmen von der aktuellen Problemlage zu finden, die schon ein wenig in Richtung Ziel gehen. Diese Ausnahmen werden weiter erkundet, um dem Klienten Zugang zu seinen aktuellen Ressourcen zu erleichtern, die ihn in Richtung Ziel bringen bzw. schon gebracht haben. Heute wird im Übrigen eher nach Anzeichen der erwünschten Zukunft gesucht, anstatt nach Ausnahmen von Problemen (dazu später mehr).

4. Skalierung

Mit diesen Ressourcen und Ausnahmen im Hinterkopf wird der Klient nun gebeten anzugeben, wo auf einer Skala von 0–10 (10 = vollständige Zielerreichung) er heute steht. Die Arbeit mit Skalen ist im Abschn. 4.2 näher beschrieben. Hier soll es reichen darauf hinzuweisen, dass die Skala es ermöglicht Unterschiede zu beschreiben, das Ziel in kleinere Einheiten einzuteilen und weitere Ressourcen zu eruieren („Wie haben Sie es auf die Skalenstufe X geschafft?"). Anschließend wird das Verhalten beschrieben, welches anzeigt, dass der Klient schon eine Stufe weiter auf der Skala ist. Damit wird automatisch die Veränderungsrichtung und auch schon ein möglicher Inhalt einer Veränderung durch den Klienten selbst beschrieben.

5. Komplimente, Aufgabe und Abschluss

Der Klient hat nun eine Idee, wie es weitergehen kann und übernimmt Verantwortung dafür seine Ziele zu verfolgen, wenn dies für ihn hilfreich ist. In der klassischen Lösungsfokussierten Therapie wurde vor dem Ende der Sitzung eine kurze Pause eingeschoben, in der sich der Therapeut zurückzieht und noch einmal reflektiert, was der Klient bisher erreicht hat und welche Aufgaben ihn nach der Beratungssitzung darin unterstützen würden, weitere Fortschritte zu erzielen.

Nach der Pause gab der Therapeut zuerst Komplimente über die Kompetenzen des Klienten und die bereits erzielten Erfolge. Anschließend schlug der Therapeut eine Hausaufgabe vor, also eine Aufgabe im Sinne eines Verhaltensexperiments, welches den Klienten unterstützt, neue Erfahrungen zu machen, positive Aspekte in seinem Leben zu sehen und seinem Ziel ein wenig näher zu kommen. Ob es überhaupt eine weitere Sitzung geben soll, bei der zum Beispiel über die Ergebnisse des Verhaltensexperiments gesprochen werden kann, wurde am Ende der Sitzung besprochen oder auch einfach dem Klienten überlassen, der sich bei Bedarf wieder an den Berater wenden konnte.

Seit den ersten Tagen der Lösungsfokussierten Gesprächsführung hat sich der Ansatz selbstverständlich weiterentwickelt und wurde für verschiedene Settings adaptiert. Diese Entwicklungen wurden sowohl von De Shazer und Insoo Kim Berg und dem Brief Familiy Therapy Center (bzw. der Solution-Focused Brief Therapy Association) als auch von tausenden lösungsfokussierten Praktikern auf der ganzen Welt vorangetrieben. Daher dient die Darstellung der klassischen Sitzung nicht der Beschreibung des einzig sinnvollen Vorgehens, sondern ist eher als Ausgangspunkt für die weitere Beschreibung des lösungsorientierten Coachings zu verstehen.

Ablauf des lösungsfokussierten Coachings

3.1 Kontext und Joining

Dieser Abschnitt beschreibt den Beginn eines lösungsorientierten Coachings und die Bedeutung des Beziehungsaufbaus. Ziel dieser Gesprächsphase ist es, dem Klienten einen transparenten Überblick über das Coaching, die Vertragsbedingungen, den Coach und den Coaching-Ansatz zu vermitteln. Gleichzeitig werden erste Ressourcen des Klienten erfragt. In dieser Phase kann auch der Problem Talk stattfinden. Folgende Methoden und Strategien werden in diesem Abschnitt besprochen:

- Joining
- Ressourcenorientierte Klienten-Vorstellung
- Umgang mit dem Problem Talk

Das lösungsfokussierte Coaching hat drei Kern-Phasen:

1. Ergebnis definieren und differenzieren
2. Ressourcen erkennen und entwickeln
3. Fortschritte erkennen und verstärken

Diese Kernphasen werden eingerahmt durch das Joining (Kontaktaufbau) am Beginn des Prozesses und dem Adjourning (für den Moment abschließen) am Ende des Prozesses. Im Folgenden wird das Joining beschrieben, welches die Rahmenbedingungen und das Arbeitsbündnis definiert und daher in der Praxis von großer Bedeutung ist.

© Springer Fachmedien Wiesbaden GmbH, ein Teil von Springer Nature 2019
J. Middendorf, *Lösungsorientiertes Coaching*, essentials,
https://doi.org/10.1007/978-3-658-25797-2_3

Viele empirische Daten deuten darauf hin, dass die Wirksamkeit von Coachings weniger von einer bestimmten Methode, als vielmehr von der Beziehung zwischen Coach und Klienten abhängt (z. B. Asay und Lambert 1999). Daher ist es auch für das lösungsorientierte Coaching wichtig, diese Beziehung am Anfang eines Gesprächs aufzubauen. In dieser ersten Phase des Coachings sollte daher eine Art Arbeitsbündnis (= Joining) zwischen Coach und Klient geschlossen werden, dessen Ziel es ist eine Verbesserung der Situation im Sinne des Klienten zu erreichen. Damit dieses Bündnis geschlossen werden kann, ist es hilfreich,

- dass man weiß, wer einem gegenübersitzt;
- dass die vertraglichen Rahmenbedingungen geklärt sind;
- dass man sicher sein kann, dass man respektvoll behandelt wird;
- dass man eine Vorstellung davon entwickelt, wie man zusammenarbeiten wird.

Auf die vertraglichen Regelungen soll hier nicht im Detail eingegangen werden, da sich hier das lösungsorientierte Coaching natürlich nicht von anderen Formen des Coachings unterscheidet. Nichtsdestotrotz möchte ich betonen, dass es wichtig ist, dass vollkommene Transparenz über alle vertraglichen Fragen herrscht, damit der Klient genau weiß, worauf er sich einlässt. Bestandteile einer Coaching-Vereinbarung sind daher mindestens:

- Benennung der Vertragsparteien (Klient, Auftraggeber, Coach)
- Geplanter Umfang der Coaching-Maßnahme
- Honorarvereinbarung sowie mögliche Zusatzkosten (z. B. Fahrtkosten)
- Ort des Coachings
- Stornierungsregelungen (z. B. wie kurzfristig kann ein Coaching ohne Stornierungskosten abgesagt werden)
- Regelungen zur Vertraulichkeit im Coaching

Darüber hinaus kann es sinnvoll sein, noch weitere Regelungen vertraglich festzulegen bzw. explizit zu besprechen. Darunter fallen Details der Rechnungslegung, Aspekte der Qualitätssicherung (Evaluation), vereinbarte Zwischenbilanz-Gespräche und Abschlussgespräche (z. B. wenn der Auftraggeber nicht identisch mit dem Klienten ist), Einbeziehung Dritter (z. B. als Feedback-Geber), Haftungsfragen oder der Verweis auf Ethikrichtlinien, zu denen sich der Coach bekennt und an die er sich bindet (z. B. durch Mitgliedschaft in einem bestimmten Coaching-Verband). Eine Besonderheit des lösungsfokussierten Coachings ist der Umfang der Coaching-Maßnahme, da diese Coachings schon nach einer Sitzung beendet sein können. Daher ist es wichtig, dass sich der Coach zuallererst selbst darüber im Klaren ist, wie er die erste Sitzung gestaltet: als unverbindliches Kennlerngespräch, wie es in Unternehmen häufig vorausgesetzt wird, oder als erste reguläre Coaching-Sitzung, die natürlich auch abgerechnet werden muss. Auf diese Frage gehen wir etwas später noch einmal ein, nachdem wir im Folgenden den Beziehungsteil des Joinings besprochen haben.

Neben den vertraglichen Fragen ist im Joining vor allem der Beziehungsaufbau von zentraler Bedeutung. Ohne eine positive Grundbeziehung wird es kein (erfolgreiches) Coaching geben. Dabei gilt es zu berücksichtigen, dass man nicht durch eine unbedachte Frage am Anfang des Kontaktes mit dem Klienten in die Problemanalyse einsteigt, was man ja im lösungsfokussierten Coaching eben nicht möchte. Wir vermeiden die Problemanalyse unter anderem deswegen, weil dies in der Regel nicht die Ressourcen beim Klienten aktiviert, die für die Verbesserung der Situation hilfreich sind. Deswegen fällt die häufig verwendete Frage „Was führt Sie zu mir?" oder „Was ist Ihr Anliegen?" weg. Anfangen würde man allerdings, wie praktisch in jedem Gespräch mit einem Fremden, mit einer kurzen Vorstellung. In der Regel fängt der Coach an sich vorzustellen, in dem er kurz etwas über sich als Coach und als Privatperson erzählt. Man stellt sich sozusagen als Experte und Mensch vor, was den meisten Klienten hilft, emotional Kontakt zum Coach aufzubauen. Als Einleitung für die Vorstellung des Klienten eignen sich dann Formulierungen wie:

▶ „Gerne würde ich nun etwas über Sie erfahren. Wer sind Sie? Womit verbringen Sie Ihre Zeit? Und vor allem, was machen Sie besonders gerne und was gelingt Ihnen besonders gut?"

Mit dieser gegenseitigen Vorstellung macht der Coach auch gleichzeitig deutlich, was ihn besonders interessiert: Die Vorlieben und Stärken des Gegenübers. Der Fokus auf Ressourcen beginnt also schon mit der Vorstellung des Klienten. Im Bericht des Klienten über die Dinge, die er besonders gerne tut und die ihm besonders gut gelingen, liegen viele Ressourcen verborgen, die später im Coaching nutzbar gemacht werden können. Gleichzeitig kann man schon Anerkennung über die genannten Stärken und Fähigkeiten des Klienten zum Ausdruck bringen. So kann schon der Anfang des Coachings mit einem Kompliment positiv gestaltet werden. Diese Art der Kommunikation demonstriert zusätzlich den respektvollen Umgang miteinander, der die Grundlage der weiteren Zusammenarbeit sein soll. Auch wird der Klient nicht in die Rolle eines defizitbehafteten Gegenübers gebracht, der nun vom Experten geheilt werden muss. Es begegnen sich zwei Menschen mit unterschiedlichen Stärken auf Augenhöhe. Ganz natürlich fügt sich nun eine kurze Beschreibung der Art des Coachings an, wenn man kurz darauf eingeht, warum man diese Fragen gestellt hat:

▶   „Vielen Dank für Ihre Vorstellung und auch für den Einblick in das, was Sie tun und das, was Sie gerne machen! Das hilft mir einen ersten Eindruck von Ihnen zu bekommen. Im Coaching kommt es mir sehr darauf an, dass wir Ihre Ziele erreichen. Dazu werde ich immer wieder solche Fragen stellen, die es mir und hoffentlich auch Ihnen erlauben, neue Möglichkeiten und Wege zur Zielerreichung zu finden. Dabei greifen wir auf Ihre Stärken und Ressourcen zurück, damit wir sicher sein können, dass Sie Ihr Ziel auch erreichen. Eine Garantie zur Zielerreichung kann ich natürlich nicht geben, aber ich werde mein Möglichstes tun, Sie zu unterstützen."

Weitere Fragen in dieser Phase können allgemeine Fragen zum Ziel des Coachings sein. In den meisten systemisch orientierten Coaching-Ansätzen haben sich Fragen durchgesetzt wie:

▶   „Was ist das Ziel unserer Zusammenarbeit?"
    „Woran werden Sie merken, dass das Coaching für Sie erfolgreich war?"
    „Was wird anders sein, wenn das Coaching erfolgreich war?"
    „Woran werden Sie merken, dass wir das Coaching beenden können?"

Auch wenn Sie als Coach nicht explizit nach dem Anlass oder dem Problem gefragt haben, kann es durchaus sein, dass der Klient direkt von sich aus anfängt von „seinem Problem" zu berichten. Lösungsorientierung bedeutet nun nicht, dass man den Klienten unterbricht und die Schilderung nicht zulässt! Dies wäre wenig respektvoll und wertschätzend. Daher gibt man dem Klienten durchaus die Möglichkeit von seinem Problem zu berichten, wenn er von sich aus damit beginnt. Allerdings wird dieser sogenannte „Problem Talk" nicht durch Aufmunterungen, aktives Zuhören oder interessierte Nachfragen gefördert. Man hört sich die Schilderung so neutral wie möglich an und drückt seine Anerkennung über die Schwierigkeit der Situation aus. Fehlt diese Wertschätzung der Komplexität oder Schwere der Situation, kann es leicht zu einem Bruch des Joinings, des Arbeitsbündnisses kommen. Steigt der Klient also von sich aus in den Problem Talk ein, so ist es eine Gratwanderung zwischen dem Zulassen des Problem Talks im Sinne einer Anerkennung der Sichtweise des Klienten und dem zeitnahen Umschwenken auf den sogenannten „Solution Talk", dem eigentlichen Kernstück des lösungsorientierten Coachings, welcher im Folgenden näher beschrieben wird.

Eigentlich sind wir hier schon mitten im Coaching und könnten mit der Arbeit am Ziel des Coachings anfangen. Doch haben wir weiter oben schon erwähnt, dass es sich gerade im Organisationskontext eingebürgert hat, dass es ein erstes kostenfreies Kennlerngespräch gibt, sich der Klient erst danach für den einen oder anderen Coach entscheidet und damit auch erst dann ein Vertrag geschlossen wird und der kostenpflichtige Teil des Coachings beginnt. Sehr häufig ist der Klient in Organisationen regelrecht verpflichtet sich mindestens zwei Coaches anzusehen, bevor er sich für einen Coach entscheiden kann.

Das macht auf der einen Seite für ein lösungsorientiertes Coaching wenig Sinn, da dieses schon nach einer Stunde enden kann. Auch wenn der Vergleich sehr hinkt, würde man ja auch nicht erwarten, dass man bei einem Arzt die erste Stunde nicht bezahlt. Gleichzeitig kann man aus der (Un-)Sitte eine Tugend machen und so elegant das Kennenlernen und den Problem Talk vom eigentlichen Coaching trennen. Auch hier wird der Problem Talk nicht provoziert oder verstärkt. Wenn er dennoch stattfindet, lässt man ihn, wie oben beschrieben, zu, drückt seine Wertschätzung und Anerkennung aus und lässt ihn im Kennlerngespräch zurück. Damit kann der Coach frei von jedem Problem Talk das Coaching mit der Beschreibung der gewünschten Zukunft beginnen. Zusätzlich kann man auch den Fokus des Klienten schon auf die eigenen Ressourcen richten, indem man ihn bittet bis zum nächsten Treffen auf all das zu achten, was nicht verändert werden soll, weil es bereits gut ist (siehe auch Abschn. 4.3 Formula First Session Task). Sollte es organisatorisch möglich sein das erste Treffen vollständig für das Coaching zu nutzen, schließt sich direkt die Kernphase des lösungsfokussierten Coachings an, der Solution Talk.

3.2   Das Ergebnis definieren und differenzieren

In diesem Abschnitt erfahren Sie, wie Sie die erste Phase des Solution Talks gestalten. Ziel dieser Phase ist es, eine klare Beschreibung einer möglichen Realität jenseits des Problemzustands zu entwickeln. Folgende Methoden und Strategien werden in diesem Abschnitt besprochen:

- Solution Talk
- Wunderfrage (Abschn. 4.1)
- Was-noch-Joker und 6 s Regel
- Best-Hope-Frage
- Fragen zum Ziel im Als-Ob-Rahmen
- Differenzierung des Zielbildes

Nach dem Joining geht es direkt los mit der detaillierten Beschreibung des gewünschten Ergebnisses des Coachings! Unabhängig davon, ob wir uns noch in der ersten Sitzung befinden oder ob wir zuvor ein unverbindliches „Kennlern-gespräch" hatten. Die zentrale Frage am Anfang des Solution Talks ist: Was ist, wenn das Problem nicht mehr existent ist? Was ist stattdessen?

Die klassische Frage der lösungsorientierten Gesprächsführung dazu ist die Wunderfrage (siehe Abschn. 4.1 für eine ausführliche Darstellung):

▶ „Stellen Sie sich vor, nachdem wir heute unsere Sitzung beendet haben, gehen Sie nach Hause, erledigen die Dinge, die Sie üblicherweise erledigen, essen zu Abend, schauen vielleicht ein wenig Fernsehen usw. Irgendwann gehen Sie zu Bett.
   Während Sie schlafen passiert ein Wunder… Das Wunder ist, dass das Problem, weswegen Sie heute hier sind, gelöst ist. Einfach so…
   Woran werden Sie am nächsten Morgen merken, dass das Wunder passiert ist?"

Eine Alternative zur Wunderfrage schlägt Chris Iveson und Kollegen vor, indem sie direkt am Anfang der Sitzung ihre Klienten fragen: „What are your best hopes from our work together?" (2012).

Ziel der Wunderfrage und auch der Best-Hope-Frage ist es eine detaillierte Beschreibung der erwünschten Zukunft zu erhalten. Woran merkt der Klient, dass das Problem nicht mehr existent ist? An seinem Verhalten – an seinem Erleben? Woran werden es andere Menschen im Umfeld des Klienten merken? Je klarer wir beschrieben, was dann tatsächlich anders ist, desto klarer ist das Ziel des Coachings. Dabei ist es sehr hilfreich, auf das Verhalten des Klienten abzuheben, welches dann anders ist. Man bekommt so nicht nur eine klare Beschreibung einer erwünschten Zukunft, sondern eben auch eine Beschreibung des angestrebten Verhaltens und damit eine klare Darstellung der Aspekte, die sich verändern könnten oder sollten – und zwar beim Klienten selbst und nicht in der Umwelt oder bei dritten Personen.

Dabei macht es übrigens einen enormen Unterschied, ob man fragt „Wie würden Sie sich verhalten?" oder „Woran in Ihrem Verhalten merken Sie, dass das Wunder geschehen ist?" Die erste Frage ist für viele Klienten nur schwer zu beantworten. Würden Sie wissen, wie sie sich anders verhalten sollten, so wären sie ggf. gar nicht im Coaching. Interessanterweise fällt es oft leichter zu beschreiben, woran man eine Veränderung feststellen wird und kommt so auf einem kleinen Umweg zum gewünschten Verhalten. Man schafft einen „Als-Ob-Rahmen", indem man die Realität beschreiben lässt, nachdem die Veränderung eingetroffen ist. Die Frage enthält also die Aufforderung so zu tun, als ob der gewünschte Zustand schon Realität wäre und diesen dann zu beschreiben. Da man einen Zustand beschreiben soll und sich nicht überlegen muss, was man als nächstes tun muss, fällt die Beantwortung der Fragen im Als-Ob-Rahmen leichter.

Dass die Wunderfrage nicht nur eine Frage ist, sondern ein Dialog zum angestrebten Zustand, sollte bereits deutlich geworden sein und wird später noch ausführlicher erläutert. Wichtig ist dabei zu erwähnen, dass man bei der Beschreibung des Wunders durchaus hartnäckig sein kann und mit der wichtigsten Frage der lösungsorientierten Gesprächsführung nicht sparen sollte: „Was noch?". „Was noch?" ist eine extrem offene Frage, in die keine Inhalte vom Coach hineingeschmuggelt werden können („Haben Sie schon daran gedacht miteinander zu reden…?") und die eine stark anregende Wirkung für den Klienten haben kann. Scheint der Klient also mit der Beschreibung des Zustandes ohne Problem fertig zu sein, wartet der Coach mindestens sechs Sekunden und schaut, ob nicht doch noch etwas kommt. Sollte diese „Pause" nicht ausreichen, um den Klienten zu weiteren Beschreibungen des Ziel-Zustandes zu bewegen, fragt der Coach einfach „Was noch?" und wartet wieder. In der Regel kommen dann weitere wertvolle Details zur erhofften Zukunft. Das Warten (6-s-Regel) und die Frage „Was noch?" können nun gerne drei bis fünf Mal wiederholt werden, bevor tatsächlich keine neuen Informationen mehr kommen. Da diese Frage praktisch immer sinnvoll ist und sie kaum oft genug angewendet werden kann, nennen wir sie auch den „Was-noch-Joker".

Das Ergebnis differenzieren

Ist die erwünschte Zukunft beschrieben, geht es um die Ausdifferenzierung dieser Zukunft, um diese noch plastischer zu beschreiben und zu überprüfen, ob der angestrebte Zustand tatsächlich so positiv ist, wie gewünscht. Dazu ist es hilfreich über die Auswirkungen der Zielerreichung zu sprechen.

▷   „Welche Auswirkungen hätte dieses veränderte Verhalten? Welchen Unterschied wird das machen? Wer wird den Unterschied noch bemerken?"

Wir vertiefen mit diesen Fragen die Klarheit über die gewünschte Zukunft und laden gleichzeitig dazu ein über Konsequenzen der Veränderung zu sprechen. Gegebenenfalls kann man an dieser Stelle auch auf unerwünschte Konsequenzen für sich und andere Personen im Umfeld stoßen. Dann gilt es das Ziel-Bild so zu verändern, dass es wirklich passt und dass alle möglichen Konsequenzen, soweit man diese überhaupt schon vorhersehen kann, wünschenswert sind. Auch hier sollte man mit unserem Was-noch-Joker nicht sparen und genügend Pausen lassen, damit der Klient überlegt antworten kann.

3.2.1 50 Fragen …

…rund um Zukunft und Ergebnis
Die hier zusammengestellten Fragen sind als Anregung gedacht und sollen die vielfältigen Möglichkeiten lösungsorientierter Fragen aufzeigen. Die Sammlung folgt keiner festen Struktur, sondern dreht sich rund um die gewünschte Zukunft, die der Klient erreichen möchte.

1. Was ist das Ziel unserer Zusammenarbeit?
2. Was erwarten Sie vom Coaching?
3. Was braucht es heute, damit Sie am Ende unseres Treffens sagen können, dass es sich gelohnt hat?
4. Was ist die eine Sache, die sich durch unser Coaching auf jeden Fall ändern soll?
5. Stellen Sie sich vor, wir arbeiten erfolgreich zusammen, verabschieden uns und Sie gehen nach Hause. Was erzählen Sie Ihrem Partner zu Hause? Was war besonders hilfreich für Sie?
6. Stellen Sie sich vor, wir sind 5 Jahre in der Zukunft. Wie haben Sie es geschafft mit der heutigen Situation besser umzugehen? Was war damals für Sie hilfreich?
7. Welchen Traum möchten Sie sich mit dem Coaching erfüllen?
8. Wie sieht die maximale Zielerreichung für unsere Zusammenarbeit aus?
9. Woran werden Sie merken, dass das Coaching für Sie erfolgreich war?
10. Was ist eine Veränderung, mit der Sie zufrieden wären?
11. Was ist ein gutes Ergebnis für unser Coaching?
12. Was wird anders sein, wenn das Coaching erfolgreich war?
13. Welche Vorteile sind zu erwarten, wenn die gewünschte Zukunft erreicht wird?
14. Was von heute möchten Sie in Ihre erhoffte Zukunft auf jeden Fall mitnehmen?
15. Woran werden Sie merken, dass wir das Coaching beenden können?
16. Woran werde ich bemerken, dass wir das Coaching beenden können?
17. Wer könnte mir noch sagen, dass das Coaching beendet werden kann?
18. Woran wird diese Person festmachen, dass das Coaching beendet werden kann?
19. Das ist eine schwierige Situation. Was möchten Sie stattdessen?
20. Was ist Ihnen am wichtigsten an der Veränderung der Situation?
21. Wie wird eine Veränderung Ihren Alltag (Ihr Leben) beeinflussen?

22. Welche Beispiele aus der letzten Zeit gingen schon etwas in die gewünschte Richtung?
23. Was macht Ihnen bei der Arbeit (oder einer anderen relevanten Situation) am meisten Spaß?
24. Was können Sie besonders gut?
25. Was möchten Sie denn lieber stattdessen?
26. Wie sieht die von Ihnen angestrebte Zukunft aus?
27. Bitte malen Sie mir ein Bild von Ihrer idealen Zukunft.
28. Wie sieht Ihr idealer Tag aus?
29. Wie verhalten Sie sich an einem idealen Tag im Vergleich zu heute?
30. Stellen Sie sich vor, dass über Nacht ein Wunder geschieht und das Problem verschwindet. Woran werden Sie am nächsten Morgen merken, dass das Wunder passiert ist?
31. Woran in Ihrem Verhalten merken Sie, dass das Wunder geschehen ist?
32. Stellen Sie sich vor, ich würde einen Film über den Tag nach dem Wunder sehen. Was genau könnte ich sehen?
33. Wie wird sich Ihre Wahrnehmung verändern, wenn das Wunder geschehen ist?
34. Wie werden sich Ihre Beziehungen verändern, wenn das Wunder geschehen ist?
35. Wer bemerkt noch, dass das Wunder geschehen ist?
36. Wie wird sich Ihre Sicht auf sich selber ändern?
37. Woran wird Ihr bester Freund/Ihr Partner/Ihr Chef/Ihr Kollege/Ihr Bäcker/… bemerken, dass das Wunder geschehen ist?
38. Wie werden Sie anders auf Ihren besten Freund … (s. #22) … reagieren?
39. Wie wird Ihr bester Freund … (s. #22) anders reagieren?
40. Was wird mir Ihr bester Freund (und andere) erzählen, wenn er beschreiben sollte, wie die Situation ohne Problem aussähe?
41. Welche Auswirkungen wird das Verschwinden des Problems haben?
42. Was wird das Beste daran sein, dass das Problem verschwunden ist?
43. Was wird sich an Ihrem Verhalten verändert haben?
44. Welche weiteren Veränderungen wird Ihr verändertes Verhalten hervorrufen?
45. Wie wird sich Ihre Wahrnehmung der Umwelt verändern?
46. Welchen Unterschied wird das machen?
47. Wer wird den Unterschied noch bemerken?
48. What are your best hopes from our work together? (Ch. Ivenson et. al.)
49. Nehmen wir an, ihre beste Hoffnung hat sich erfüllt oder übertroffen, was und wie ist dann anders? (Solution Surfers)
50. Was ist Ihre kühnste Hoffnung für die Auswirkungen unseres Gesprächs auf Ihren Alltag? (Solution Surfers)

3.3 Ressourcen erkennen und entwickeln

Im Folgenden wird die zweite Phase des Solution Talks beschrieben, das Erkennen und Entwickeln von Ressourcen beim Klienten. Ziel ist das Bewusstsein beim Klienten zu stärken, dass er über all die Ressourcen verfügt, die er zum Erreichen seiner Ziele braucht. Dazu werden folgende Methoden genutzt:

- Ressourcen-Fragen
- Anzeichen für die erwünschte Zukunft finden
- Skalenfragen (Abschn. 4.2)
- Als-Ob-Rahmen
- Komplimente

Von der Beschreibung der erwünschten Zukunft geht es nahtlos über zu dem Erkennen schon vorhandener Ressourcen beim Klienten.

Der einfachste Weg etwas über diese Ressourcen zu erfahren, besteht darin danach zu fragen:

▶ • „Welche Anzeichen gab es schon in den letzten Wochen, die in die gewünschte Richtung (erwünschte Zukunft) gingen?"
- „Zu welchem Zeitpunkt konnten Sie schon ein klein wenig vom Wunder erleben?"
- „Welche Fortschritte gab es noch?"
- „Was hat bereits funktioniert?"
- „Wann war es schon ein wenig besser als sonst?"
- „Was noch?"

Wir erkunden also zusammen mit dem Klienten die ersten Anzeichen für die erwünschte Zukunft und erhalten dadurch gemeinsam Einsichten über Ressourcen (Verhaltensweisen, Gedanken, Emotionen, soziale Unterstützung), die den Klienten schon etwas näher in Richtung Zielzustand bringen. Natürlich bleibt es nicht bei der Beschreibung dieser ersten Anzeichen, sondern es geht um das Erkunden des WIE. Wie hat der Klient es geschafft, diese Vorboten der gewünschten Zukunft zu erzeugen? Durch den Dialog über die ersten Anzeichen und Bewegungen in die gewünschte Richtung wird das Bewusstsein beim Klienten verstärkt, dass er bereits einiges unternommen hat, was ihn in die gewünschte Richtung führt, er kompetent ist und selbst etwas dafür tun kann, dass er sich dem Zustand weiter nähert. Durch den Dialog über eigene Anteile an den positiven Anzeichen wird die Selbstwirksamkeitsüberzeugung des Klienten gestärkt. Die Selbstwirksamkeitsüberzeugung (self-efficacy beliefs nach Bandura) ist eine zentrale Voraussetzung dafür, dass Klienten weitere Schritte in Richtung Ziel konsequent verfolgen. Unterstützend für den Prozess ist es die genannten Ressourcen und Verhaltensweisen, die als hilfreich empfunden werden, zu visualisieren. Dadurch sind sie ständig präsent und es kann im weiteren Verlauf des Gesprächs einfach mit ihnen gearbeitet werden. Durch die Beschreibung der positiven Anzeichen für die erwünschte Zukunft und den damit verbundenen Verhaltensweisen des Klienten werden automatisch auch die dazugehörigen Fähigkeiten sichtbar, über die der Klient verfügen muss, um die Verhaltensweisen zu zeigen. Dem Coach geben die geschilderten Verhaltensweisen also weitere Hinweise für Ressourcen, die bei der Zielerreichung nützlich sein können. Gleichzeitig sind sie die Grundlage für Komplimente, die der Coach dem Klienten über seine Aktivitäten, Fähigkeiten, Anstrengungen etc. macht.

Die Komplimente zielen auf den gleichen Effekt ab, wie das Besprechen der positiven Anzeichen: Bewusstmachung und Stärkung der eigenen Selbstwirksamkeit. Damit ist auch klar, dass Komplimente keine höflichen Nettigkeiten sind, sondern sich immer auf ganz konkrete und nachvollziehbare Bemühungen und Verhaltensweisen des Klienten beziehen, die in den Augen des Coaches wichtig für die Bewegung in Richtung erwünschte Zukunft sind. Nur dann können diese Komplimente auch den gewünschten Effekt erzielen.

Sind die Verhaltensweisen erst einmal bewusst und nachvollziehbar, steht praktisch automatisch die Frage im Raum, was notwendig ist, um diese Verhaltensweisen zu wiederholen oder zu erweitern. Ziel ist es die positiven Ansätze im eigenen Verhalten und Denken zu nutzen, um dem beschriebenen Ziel näher zu kommen. Hier wird der Solution Talk zum echten Ressourcen Talk, der die Selbstwirksamkeitsüberzeugungen des Klienten immer weiter stärkt. Damit erschöpft sich diese Phase jedoch noch nicht. Zusätzlich kommen die durch die lösungsorientierte Gesprächsführung populär gewordenen Skalenfragen zum Einsatz.

Einsatz der Skalenfragen

Durch die Beschreibung des Zielzustandes haben wir auf einer Skala von 1 bis 10 bereits die 10 definiert. Bei der Arbeit mit Skalen im lösungsorientierten Coaching (siehe Abschn. 4.2 für eine ausführliche Beschreibung) steht die 1 in der Regel für die Situation, in der sich der Klient entschieden hat ins Coaching zu gehen, und 10 steht dafür, dass die erwünschte Zukunft vollständig erreicht wurde.

▶ „Auf einer Skala von 1 bis 10, wobei 1 für die Situation steht, in der Sie sich entschieden haben ins Coaching zu gehen, und 10 dafür steht, dass Sie Ihre erwünschte Zukunft vollständig erreicht haben: Wo stehen Sie heute?"

Mit anderen Worten entspricht die 10 inhaltlich der Wunderfrage. Die 1 braucht nicht weiter intensiv beschrieben zu werden, da das ja nur in den Problem Talk münden würde. Oft reicht es schon die 1 als „das Gegenteil" von 10 zu definieren. Dass diese Definition schwammig ist, stört für das weitere Vorgehen nicht. Wichtig ist die Konzentration auf die 10! Für das Erkennen vorhandener Ressourcen fragt man nun wo auf der Skala sich der Klient heute sieht. In meiner Coaching-Praxis ist es mir noch nie passiert, dass der Klient 10, 1, 0 oder sogar minus 1 als Antwort gegeben hätte. Es wird also in der Regel eine Zahl zwischen 1 und 10 genannt. Und damit ist klar, dass der Klient irgendetwas gemacht hat, was ihn von der 1 in Richtung 10 gebracht hat. Dabei ist es unerheblich, ob der Klient 0, 5, 3, 4 oder X als aktuellen Status nennt. Da wir als Coach sowieso nicht genau wissen können, was in der Welt des Klienten eine 3 oder X bedeutet, ist die genannte Zahl eher weniger wichtig. Wichtig dagegen ist zu erfahren, wie der Klient es geschafft hat zu diesem Status zu gelangen. Wir gelangen so zusammen mit dem Klienten zu den bisher eingesetzten Ressourcen, die ihm bei den Fragen nach den positiven Anzeichen der erwünschten Zukunft eventuell noch nicht eingefallen sind. Jede noch so kleine Entfernung von der 0 ist gleichzusetzen mit Ressourcen, die der Klient eingesetzt hat.

Selbst wenn der Klient die 0 nennen würde oder sogar von einer minus 2 sprechen würde (was ich wie gesagt noch nicht erlebt habe), ist die Frage, wie er es geschafft hat nicht noch weiter herunter auf der Skala zu rutschen bzw. die 0 zu halten. Auch dazu sind Ressourcen notwendig, dessen sich der Klient bewusst sein sollte. Durch die Beschreibung des Unterschieds von der 0 zur 2, 3 oder X erhalten wir ähnlich gelagerte Informationen, wie bei der Frage nach den positiven Anzeichen und können mit diesen Ressourcen entsprechend weiterarbeiten. Sehr oft reicht es Klienten, sich über ihre Ressourcen klar zu werden, die sie bisher eher unbewusst eingesetzt haben. Durch das Bewusstsein über diese Ressourcen zu verfügen und diese gezielt einsetzen zu können, finden viele Klienten bereits von allein in die eigene Handlungsfähigkeit zurück. Um die Klienten noch weiter auf dem Weg zur 10 zu unterstützen, kann aber auch der schon erwähnte Als-Ob-Rahmen genutzt werden.

Als-Ob-Rahmen zur Ressourcenentwicklung nutzen
Ähnlich wie bei der Nutzung des Als-Ob-Rahmens zur Zielbeschreibung („Woran in Ihrem Verhalten würden Sie merken, dass das Wunder geschehen ist?") kann man dieses Vorgehen auch nutzen, um den nächsten Schritt auf der Skala zu beschreiben. Da wir in der Regel nicht von der Stufe X auf der Skala auf die 10 springen, geht es darum mithilfe der Skala das große Ziel in kleinere, handhabbare und erfolgswahrscheinlichere Ziele herunterzubrechen. Die Frage lautet jetzt also:

> ▶ „Wenn Sie auf der Skala einen Schritt weiter sind, woran merken Sie,
>   dass Sie jetzt auf der X + 1 Stufe der Skala stehen? …Woran noch?"
>   „Was macht das für einen Unterschied? …Was noch?"
>   „Wer wird den Unterschied noch feststellen? …Wer noch?"

Die Beschreibung der Veränderungen ist gleichzeitig eine Beschreibung des nächsten kleinen Schritts in Richtung 10, also in Richtung der angestrebten Situation. Damit ist ein wesentliches Zwischenziel im Coaching erreicht. Der Klient hat eine Vorstellung über die Situation ohne das Problem, hat positive Anzeichen der gewünschten Zukunft erkundet, hat berichtet, wie er es auf den Skalenwert X geschafft hat und kann sogar beschreiben, woran er merken wird, dass er auf dem Skalenwert X + 1 (oder auch 0,5) angelangt ist. Damit nähern wir uns dem Ende der Coaching-Sitzung. Daher ist es an dieser Stelle in der Regel sinnvoll, dem Klienten noch einmal zu spiegeln, was er bisher schon alles Konstruktives unternommen hat, um seiner erwünschten Zukunft näher zu kommen.

3.3.1 50 Fragen ...

...um Ressourcen des Klienten zu erkennen und zu entwickeln

1. Welche Anzeichen in der letzten Woche gab es, die in die gewünschte Richtung (Zielzustand) gingen?
2. Zu welchem Zeitpunkt konnten Sie schon ein klein wenig vom Wunder erleben?
3. Welche Fortschritte gab es noch?
4. Wann war es schon ein wenig besser als sonst?
5. Was hat bereits funktioniert?
6. Wie sind Sie früher mit ähnlichen Situationen umgegangen?
7. Was waren Ihre Erfolgsrezepte aus der Vergangenheit?
8. Was ist von Freunden (Partner, Partnerin, Chef, etc.) an Veränderungen positiv bemerkt worden?
9. Worüber haben Sie sich in den letzten Wochen gefreut?
10. Was haben diese Fortschritte noch verändert?
11. Welche Veränderungen haben diese Fortschritte noch angestoßen?
12. Was sagt es über Sie aus, dass Sie diese Fortschritte gemacht haben?
13. Welche Fähigkeiten haben Sie genutzt, um diesen Fortschritt zu erzielen?
14. Wo gab es Ausnahmen von der problematischen Situation?
15. Wann war es weniger schlimm als sonst?
16. Wann hat das Problem eine Pause eingelegt?
17. Was haben Sie dazu beigetragen, dass das Problem eine Pause eingelegt hat?
18. Wie haben Sie es geschafft, dass das Problem eine Pause eingelegt hat?
19. Wenn die letzten Wochen ein Film wären, was würde ich in diesem Film sehen, dass zu dieser Veränderung geführt hat?
20. Welche Rolle hätten Sie in diesem Film?
21. Was sind die Stärken Ihrer Figur (im Film), die dazu geführt haben, dass die Fortschritte erzielt wurden?
22. Welche anderen Figuren im Film würde ich noch als unterstützend erleben?
23. Was passiert als nächstes in diesem Film, wenn er mit einem Happy End endet?
24. Nehmen wir an, dass Sie weitere Fortschritte machen. Wie sehen diese Fortschritte dann aus?
25. Welche Ihrer Fähigkeiten können Sie zusätzlich nutzen, damit der Fortschritt erhalten bleibt?
26. Was haben Sie schon an Verhalten erlebt, das sich positiv ausgewirkt hat?
27. Was hat Ihnen Hoffnung/Zuversicht gegeben?

28. Welche Veränderung hat Ihnen Hoffnung/Zuversicht gegeben?
29. Wieso glauben Sie, dass ein Fortschritt machbar ist?
30. Was ist das Beste an den bisherigen Erfolgen?
31. Auf einer Skala von 1 bis 10, wobei 1 für die Situation steht, in der Sie sich entschieden haben ins Coaching zu gehen, und 10 für das Erreichen Ihrer erwünschten Zukunft. Wo stehen Sie heute?
32. Was bedeutet diese Zahl X?
33. Worüber freuen Sie sich am meisten, wenn Sie jetzt auf der Stufe X stehen?
34. Wie verhalten Sie sich bei X?
35. Was geht Ihnen durch den Kopf, wenn Sie daran denken, dass Sie nun schon bei X stehen?
36. Wie fühlen Sie sich bei X?
37. Was ist bei X besser als noch bei X − 1?
38. Wie haben Sie es geschafft, von X − 1 auf X zu kommen?
39. Welche Veränderungen haben Sie vorgenommen?
40. Wenn Sie auf der Skala einen Schritt weiter sind, woran merken Sie, dass Sie jetzt auf der X + 1 Stufe der Skala stehen? ...Woran noch?
41. Was ist der kleinste sinnvolle Schritt auf der Skala in Richtung 10?
42. Woran merken Sie, dass Sie diesen Schritt gegangen sind?
43. Wie sicher sind Sie, dass Sie diesen kleinsten nächsten Schritt machen können/werden?
44. Was würde das für einen Unterschied machen? ...Was noch?
45. Wie wird dieser Unterschied weitere Veränderungen anstoßen?
46. Wer wird den Unterschied noch feststellen? ...Wer noch?
47. Wer wird Sie dabei unterstützen den nächsten kleinen Schritt zu machen? ...Wer noch?
48. Wie werden diese Menschen Sie unterstützen, den nächsten Schritt zu machen?
49. Was machen Sie, damit diese Menschen Sie unterstützen den nächsten Schritt zu machen?
50. Welche weiteren Veränderungen würden durch diesen Schritt noch ausgelöst?

3.4   Fortschritte erkennen und verstärken

Dieser Teil des Solution Talks beschreibt die Folgesitzung im lösungsfokussierten Coaching. Es geht darum die Veränderungen seit dem letzten
Treffen sichtbar und nutzbar zu machen, um den Klienten auf seinem Weg
zur 10 zu stärken. Es kann sein, dass dieser Teil nie stattfindet, da das Coaching auch durchaus mit der vorherigen Phase abgeschlossen sein kann. Findet er doch statt, so sind dies die Schritte der Folgesitzung in der Übersicht:

- Positive Vergangenheit kreieren
- Unterschiede sichtbar machen
- Verantwortung für Erfolg übernehmen
- Erneut Skalenfragen und Als-Ob-Rahmen einsetzen
- Transfer sichern
- Komplimente geben

Eine positive Vergangenheit kreieren

Sollte sich der Klient entschieden haben in eine weitere Sitzung zu kommen, geht
die Sitzung praktisch dort weiter, wo wir mit dem Erkennen und Entwickeln der
Ressourcen schon waren. Die Vorannahme, dass Veränderungen auf jeden Fall
geschehen, wird lösungsfokussiert erweitert zu der Vorannahme, dass sich eine
Veränderung in gewünschter Richtung ergeben hat. Dementsprechend lautet auch
die erste Frage in der Folgesitzung:

▶   „Was hat sich seit unseren letzten Treffen zum Positiven verändert?"

Wir sind also wieder auf der gemeinsamen Suche und bei der Bewusstmachung
der Ressourcen, die dafür gesorgt haben, dass der Klient seiner 10 ein Stück-
chen näher gekommen ist. Die Frage ist ein kleiner Bruder zu der Frage nach den
positiven Anzeichen der erwünschten Zukunft und zielt darauf, eine positive Vergangenheit zu kreieren. Mit dem Fokus auf eine positive Vergangenheit heben wir
die Aspekte der Vergangenheit hervor, die funktionieren und damit als ein Muster
für das weitere Fortschreiten in Richtung 10 dienen können.

Positive Unterschiede werden sichtbar gemacht
Zur weiteren Erkundung der Fortschritte und ihrer Konsequenzen wird anschließend nach den Unterschieden gefragt, die die Veränderungen bewirkt haben:

▷   „Welche Auswirkungen hatten diese Verbesserungen?"
      „Was haben diese Auswirkungen für einen Unterschied gemacht?"
      „Wer hat den Unterschied bemerkt?"
      „Welche weiteren Veränderungen sind durch diese Unterschiede/Verbesserungen entstanden?"

Durch die genauere Beschreibung wird die Bewusstmachung der eigenen Ressourcen unterstützt, der Blick für die positiven Veränderungen geschärft und die Motivation für den weiteren Weg zur 10 gestärkt.

Verantwortung für die Erfolge übernehmen
Die Beschreibung der positiven Vergangenheit und der erzeugten Unterschiede bzw. Erfolge hat nicht automatisch zur Folge, dass der Klient sich auch als Quelle der Veränderung wahrnimmt. Daher unterstützt der lösungsorientierte Coach diesen Prozess mit folgenden Fragen:

▷   „Wie haben Sie sich anders verhalten, so dass es zu diesen Verbesserungen kam?" Was-noch-Joker
      „Wie haben Sie das geschafft?"
      „Welche Fähigkeiten/Stärken/Verhaltensweisen haben Sie eingesetzt, um diese Veränderung/Verbesserung zu bewirken?" Was-noch-Joker

Skalenfrage und Als-Ob-Rahmen
Analog zur ersten Sitzung kann man Unterschiede und Veränderungen auch weiterhin mit der Skalenfrage evozieren.

▷   „Wo auf der Skala stehen Sie nun in Bezug auf Ihr Ziel?"
      „Wie verhalten Sie sich anders? Wie noch?"
      „Was macht das für einen Unterschied? Was noch?"
      „Wer bemerkt den Unterschied? Wer noch?"

Bei jeder Antwort in Richtung X + 1 lässt man sich wieder die Dinge beschreiben, die nun besser funktionieren. Sowohl bei der Frage nach den Verbesserungen wie auch bei der Skalenfrage wird nachgefragt, um zu verstehen, wie der Klient die Veränderungen bewerkstelligt hat. Dabei zielt man immer auf die Verhaltensebene, um eine konkrete Beschreibung davon zu erhalten, über welche Ressourcen der Klient verfügt, um näher an seine 10 zu kommen. Im weiteren Verlauf der Folgesitzung wiederholt sich praktisch der oben schon beschriebene Ablauf der ersten Sitzung, indem im Als-Ob-Rahmen nach der Beschreibung des nächsten Schrittes auf der Skala gefragt wird:

> „Wenn Sie auf der Skala einen Schritt weiter sind, woran merken Sie, dass Sie jetzt auf der X+ Stufe der Skala stehen? …Woran noch?"
> „Was sind die ersten Anzeichen einer solchen Veränderung? …Was noch?"
> „Wer wird den Unterschied noch feststellen? …Wer noch?"

Mit der Beschreibung der nächsten Skalenstufe, dem Deutlichwerden des nächsten Schrittes würde auch diese Sitzung beendet werden. Doch bevor man die Sitzung beendet und auch gerne nach der Beschreibung der Ressourcen durch den Klienten, die ihn befähigt haben auf die nächste Skalenstufe zu gehen, sollte der Coach seine Wertschätzung dafür ausdrücken, was der Klient geschafft hat. Mit anderen Worten, auch hier gibt man Komplimente, wie dies bereits weiter oben unter der Überschrift „Ressourcen erkennen und entwickeln" beschrieben wurde.

Zusammenfassung der Folgesitzung
Um das grundsätzliche Vorgehen der Folgesitzung zu beschreiben, kann man sie auch in sechs Schritten zusammenfassen:

> 1. Auf einer Skala von 1–10 und mit Blick auf Ihre angestrebte Veränderung: Wo stehen Sie heute schon?
> 2. Wie haben Sie es geschafft dort hinzukommen? Was-Noch-Joker
> 3. Was ist anders, wenn Sie einen Schritt weiter sind? Was-Noch-Joker
> 4. Was machen Sie anders, wenn Sie einen Schritt weiter sind? Was-Noch-Joker
> 5. Was machen Sie als nächstes? Was-Noch-Joker (Frage 5 ist optional)
> 6. Kompliment.

3.4.1 Fast 50 Fragen …

…rund um Fortschritte
Die meisten Fragen zum Bereich „Positive Vergangenheit" kreieren sind identisch mit den Fragen zu den positiven Anzeichen einer erwünschten Zukunft und werden daher nicht noch einmal wiederholt. Im Folgenden werden nur die Fragen

aufgeführt, die im Abschnitt explizit als Beispiel genannt werden und Fragen, die sich aus der Arbeit mit der Skala ergeben. So folgen hier nicht 50 neue Fragen, sondern 30 Fragen plus die Fragen aus dem Abschnitt Ressourcen erkennen und entwickeln.

1. Was hat sich seit unserem letzten Treffen zum Positiven verändert?
2. Welche Auswirkungen hatten diese Verbesserungen?
3. Was haben diese Auswirkungen für einen Unterschied gemacht?
4. Wer hat den Unterschied bemerkt?
5. Welche weiteren Veränderungen sind durch diese Unterschiede/Verbesserungen entstanden?
6. Wie haben Sie sich anders verhalten, so dass es zu diesen Verbesserungen kam?
7. Wie haben Sie das geschafft?
8. Welche Fähigkeiten/Stärken/Verhaltensweisen haben Sie eingesetzt, um diese Veränderung/Verbesserung zu bewirken?
9. Wie verhalten Sie sich anders? Wie noch?
10. Was macht das für einen Unterschied? Was noch?
11. Wer bemerkt den Unterschied? Wer noch?
12. Wo auf der Skala stehen Sie nun in Bezug auf Ihr Ziel?
13. Wie haben Sie es geschafft, konstant bei X zu bleiben?
14. Wie haben Sie es geschafft, bei X zu bleiben und nicht wieder abzurutschen?
15. Wie haben Sie es geschafft bei $X - 1$ zu bleiben, anstatt auf $X - 2$ zu rutschen? ($X - 3$, $X - 4$, ... $-1X$, $-2X$, ...)
16. Was hat Ihnen geholfen bei $X(-1)$ zu bleiben?
17. Wer hat Ihnen geholfen bei $X(-1)$ zu bleiben?
18. Welche Fähigkeiten setzen Sie ein, um nicht weiter herunterzurutschen?
19. Wie setzen Sie diese Fähigkeiten ein?
20. Was kann der Einsatz Ihrer Fähigkeiten noch anstoßen?
21. Wenn ich mit Ihrem besten Freund (Partner, Partnerin, Chef, etc.) über die Zeit seit unserem letzten Treffen sprechen würde, von welchen Fähigkeiten/Stärken wird er/sie mir berichten, die Sie eingesetzt haben?
22. Wenn ich mit Ihrem besten Freund (Partner, Partnerin, Chef, etc.) über die Zeit seit unserem letzten Treffen sprechen würde, was wird er/sie mir darüber sagen, wie Sie ein konstantes X aufrechterhalten konnten?
23. Wenn ich mit Ihrem besten Freund (Partner, Partnerin, Chef, etc.) über die Zeit seit unserem letzten Treffen sprechen würde, was wird er/sie mir darüber sagen, wie Sie verhindern konnten weiter als $X - 1$ auf der Skala abzurutschen?
24. Wie schaffen Sie es am Ball zu bleiben, obwohl X sich nicht verändert hat?
25. Wie schaffen Sie es motiviert zu bleiben, obwohl X auf $X - 1$ gesunken ist?

26. Was sagt es über Sie aus, dass Sie motiviert bleiben/am Ball bleiben, obwohl sich Erfolge nicht so schnell eingestellt haben wie erhofft?
27. Wie haben Sie es geschafft heute hierherzukommen?
28. Da Sie ja schon bei X waren, wissen Sie auch, wie Sie sich auf X verhalten. Was genau machen Sie dann anderes im Vergleich zu heute?
29. Da Sie ja schon bei X waren, wissen Sie auch, wie Sie die Dinge bei X anders wahrnehmen. Wie nehmen Sie bei X die Dinge anders wahr im Vergleich zu heute?
30. *Siehe oben „Ressourcen erkennen und entwickeln":* Wenn Sie auf der Skala einen Schritt weiter sind, woran merken Sie, dass Sie jetzt auf der X + 1 Stufe der Skala stehen? Etc.

3.5 Adjourning

Diese letzte Phase des lösungsfokussierten Coachings beendet die Zusammenarbeit für den Moment. Diese Phase findet eventuell schon am Ende der ersten Sitzung statt. Zum konkreten Vorgehen gibt es unterschiedliche Meinungen, auch unter lösungsfokussierten Coaches. Einig sind sich die meisten lösungsorientierten Coaches, dass dem Klienten zum Abschluss Komplimente gemacht werden. Darüber hinaus könnte man...

a) ... versuchen, die nächsten Schritte durch eine Art Maßnahmenplan abzusichern.

b) ... Vorschläge für Verhaltensexperimente machen, um die weitere Zielerreichung zu unterstützen.

c) ... den Klienten bitten, seine nächsten Schritte zu definieren, um seine Klarheit und sein Commitment zum weiteren Vorgehen zu stärken und ihn damit zu einer Art Selbstverpflichtung zu veranlassen.

d) ... darauf vertrauen, dass der Klient am besten weiß, was er als nächstes zu tun hat und dass er das machen wird, was für ihn und die aktuelle Situation am besten ist.

Es kann durchaus sein, dass der eine lösungsorientierte Coach den einen oder anderen dieser Ansätze verfolgt und ein anderer lösungsorientierter Coach dafür andere Ansätze verfolgt bzw. deutlich ablehnt. Natürlich haben all diese Vorgehensweisen Ihre Berechtigung. Welches das hilfreichste Vorgehen ist, darf jeder Praktiker für sich und seine Klienten selbst herausfinden.

Ansatz A (Maßnahmenplan) wird sicherlich vielen Menschen aus dem Business-Kontext entgegenkommen, da er ihnen aus unzähligen Meetings und Workshops bekannt ist. Der Coach lässt sich hierbei beschreiben, *Wer Was* mit *Wem* und bis *Wann* macht. Wenn dies die Erwartung des Coaching-Klienten ist, dann kann dieses Vorgehen sicherlich motivierend auf ihn wirken. Gleichzeitig kann es gut sein, dass es Umstände gibt, die dem Umsetzen eines solch konkreten Plans entgegenstehen, wie man das auch nach Team-Workshops aus dem Business schon hundertmal erlebt hat, was schnell zu einer Frustration über den gescheiterten Plan führen kann. Auf der anderen Seite kommt es den Erwartungen vieler Klienten entgegen, da sie sich so einen runden Abschluss vorstellen: Ein konkreter Maßnahmenplan, der am besten mit ihrem elektronischen Kalender oder ihrer Aktivitätenliste im Smartphone synchronisiert werden kann.

Ansatz B (Verhaltensexperiment) wurde klassischerweise in der lösungsfokussierten Therapie genutzt, um die Klienten zu unterstützen neue Erfahrungen zu machen. Gegen Ende einer Therapiesitzung wurde oft eine Pause eingelegt, der Therapeut zog sich zurück und dachte über passende Komplimente und Hausaufgaben für die Zeit bis zur nächsten Sitzung nach. Dann wurde die Therapiesitzung fortgesetzt, die Komplimente mitgeteilt und die Hausaufgabe als Vorschlag vorgestellt. In einer Therapie- oder auch Coaching-Sitzung werden Vorschläge des Beraters allerdings selten abgelehnt, da dies schon fast einem Rapportbruch gleichkäme, was Klienten nur sehr ungern riskieren. Daher werden solche Vorschläge in der Regel vom Klienten auch angenommen. Im Coaching spricht man heute weniger von Hausaufgaben, sondern eher von Verhaltensexperimenten. So sinnvoll diese auch sein mögen, so sehr lenken Sie doch den Fokus auf Verhaltensideen des Coaches für den Klienten. Daher stellt sich die Frage, worin der zusätzliche Nutzen für den Klienten liegt, wenn dieser im Schritt vorher schon beschrieben hat, was die nächsten sinnvollen Schritte sind. Außerdem gehen wir ja davon aus, dass der Coach auch nicht in der Position ist besser zu wissen, was für den Klienten sinnvoll ist, als dieser selbst. Wenn dennoch am Ende einer Sitzung vom Coach ein Verhaltensexperiment vorgeschlagen wird, sollte es daher in keiner Weise in Konkurrenz zu den Ideen des Klienten über seine nächsten Schritte stehen. Praktisch immer eignet sich die Formula First Session Task, eine Beobachtungsaufgabe für den Klienten, die im Abschn. 4.3 vorgestellt wird. Ansatz C (Selbstverpflichtung) ist eine Art explizite Commitment- und Umsetzungs-Überprüfung der nächsten Schritte beim Klienten. Dies kann so aussehen, dass der Klient noch einmal zusammenfassen soll, was er aus der Coaching-Sitzung mitnimmt und was die nächsten Schritte sind. Absichern kann man diese Zusammenfassung noch einmal durch Skalen zur Wahrscheinlichkeit, mit der die nächsten Schritte umgesetzt werden und der Klarheit über die nächsten konkreten Aktionen. Sowohl die Wahrscheinlichkeit wie auch die Klarheit über die nächsten konkreten Schritte sollten möglichst hoch sein. Ist dies nicht der Fall, fehlt dem Klienten offensichtlich noch etwas, um den nächsten Schritt in Richtung Wunder zu unternehmen.

> 1. „Bitte stellen Sie sich noch einmal eine Skala von 1 bis 10 vor, mit der Sie die Wahrscheinlichkeit einschätzen, dass Sie diese nächsten Schritte auch wirklich Realität werden lassen. 10 ist sehr wahrscheinlich und 1 steht für sehr unwahrscheinlich. Wie hoch schätzen Sie die Wahrscheinlichkeit ein?"
> 2. „Bitte stellen Sie sich noch einmal eine Skala von 1 bis 10 vor, mit der Sie die Klarheit über die nächsten Schritte einschätzen. 10 steht für sehr klar und eindeutig und 1 steht für vollkommen unklar. Wie hoch schätzen Sie die Klarheit über die nächsten Schritte ein?"

Abschließen würde der Ansatz C mit der Frage, ob es noch irgendetwas gibt, was der Klient braucht, um den nächsten Schritt in Angriff zu nehmen. Erst wenn diese letzte Frage vom Klienten verneint wird, endet die Sitzung mit Komplimenten an den Klienten.

Damit bleibt noch Ansatz D (Vertrauen). Bei diesem Vorgehen geht man davon aus, dass sich die Frage nach den nächsten Schritten und danach, ob der Klient noch etwas braucht, um diese anzugehen, erübrigt. Was der Klient ebenfalls nicht braucht sind die Verhaltensexperimente, die vom Coach vorgeschlagen werden. Der Klient hat beschrieben, was auf der nächsten Stufe anders sein wird und weiß nun selber, was der nächste Schritt sein kann. Ob der nächste Schritt in dieser oder einer anderen Form dann auch umgesetzt wird, hängt von vielen Faktoren ab, aber sicherlich nicht von einer Aufgabe, die am Ende des Coachings erteilt wurde. Die Veränderung hat ja bereits mit der Klarheit über die erwünschte Zukunft (der 10 bzw. dem Wunder), dem Erkennen der positiven Anzeichen und dem Bewusstsein der Selbstwirksamkeit begonnen. Jetzt vertraut man darauf, dass der Klient seine vorhandenen Fähigkeiten und Ressourcen nutzt, um das zu tun, was für ihn in der gegebenen Situation nützlich ist. Hier bleibt dem Coach also nur, die Komplimente noch einmal zu wiederholen, sich für die Zusammenarbeit und das ihm entgegengebrachte Vertrauen zu bedanken sowie dem Klienten alles Gute zu wünschen. Dieses Vorgehen ist sicherlich die konsequenteste Art, ein lösungsfokussiertes Coaching zu beenden.

▶   „Ich bin beeindruckt von der Klarheit, mit der Sie die nächsten Schritte beschrieben haben. Für mich hört sich sowohl Ihre Einschätzung über Ihre bisherigen Fortschritte wie auch über die nächsten Schritte sehr realistisch an. Für die bisherige Zusammenarbeit möchte ich mich an dieser Stelle herzlich bedanken und wünsche Ihnen für die weiteren Schritte in Richtung Ihres Ziels viel Erfolg! Danke!"

Ob nach diesem Gespräch noch eine weitere Sitzung stattfinden soll entscheidet nur der Klient. Oftmals reicht das oben beschriebene Vorgehen, um eine kleine Veränderung im Verhalten oder auch Erleben zu provozieren, die dann ihrerseits weitere Veränderungen hervorbringt. Wie in den Grundannahmen schon beschrieben, geht die lösungsfokussierte Arbeit davon aus, dass kleine Veränderungen ausreichen können, um eine ausreichend starke Bewegung in Richtung Zielzustand in Gang zu setzen. Dass eine Veränderung geschieht, lässt sich sowieso nicht verhindern. Auch wird hier deutlich, wieso ein lösungsfokussiertes Coaching bereits nach einer Stunde vollständig beendet sein kann.

3.6   Schwierige Situationen meistern

Dieser Abschnitt geht auf Situationen ein, in denen das Angebot der Lösungsfokussierung vom Klienten noch nicht angenommen werden kann. Wenn also Fragen nach Anzeichen einer erwünschten Zukunft, Verbesserungen, Ressourcen und Zielen allesamt verneint werden. Dazu unterscheiden wir drei Beziehungsdynamiken in der Lösungsorientierung:

- Beziehung vom Typ Kunde
- Beziehung vom Typ Klagender
- Beziehung vom Typ Besucher

Je nach Beziehungsdynamik haben Coach und Klient unterschiedliche Möglichkeiten miteinander zu arbeiten. Zusätzlich werden sprachliche Möglichkeiten aufgezeigt, auf konkrete schwierige Situationen einzugehen.

Beziehung zwischen Coaching-Klient und Coach
Ob ein Klient sich auf das lösungsfokussierte Coaching einlassen kann hängt zum Großteil von der Beziehung zwischen Klient und Coach ab. In der Lösungsfokussierten Gesprächsführung unterscheidet man drei Beziehungstypen. Wichtig ist hier die Betonung auf Beziehungstyp und nicht Kliententyp. Beziehungstyp beschreibt die Dynamik zwischen Coach und Klient, die sich in einem bestimmten Zeitraum aufbaut. Dies sagt nichts über die Persönlichkeit des Klienten oder des Coachs aus. Dies sagt auch nichts über eine mögliche Veränderung der Beziehungsdynamik zwischen den beiden Personen aus, die sich natürlich jeder Zeit verändern kann. Es geht lediglich um die Beschreibung einer aktuellen Dynamik, die Auswirkungen auf die Angebote hat, die der Coach dem Klienten zum jetzigen Zeitpunkt macht.

1. **Beziehung vom Typ Kunde:** Dabei liegt beim Klienten ein klarer Wunsch nach Veränderung vor sowie die Bereitschaft, aktiv an einer Lösungsfindung zu arbeiten. Gleichzeitig ist der Klient offen dafür, nach eigenen Anteilen bei der Lösungsfindung und -umsetzung zu suchen und sich entsprechend einzubringen. Das Vorgehen von Coach und Klient ist die gemeinsame Erarbeitung eines Ziels und der nächsten Schritte, die den Klienten seinem Ziel näher bringen. Coach und Klient arbeiten also idealtypisch in der Art und Weise zusammen, die im gesamten Kapitel drei beschrieben wurde. Hier sind also kaum „schwierige" Situationen zu erwarten.

2. **Beziehung vom Typ Klagender:** Klienten in dieser Beziehungsdynamik betonen das Problem und sehen die Lösung meistens bei anderen. Der Klient sieht sich in der Regel nicht als Teil der Lösung, sondern eher als Opfer der äußeren Umstände bzw. der Verhaltensweisen Dritter. Die Lösung liegt darin, dass sich andere Personen verändern. Folgerichtig ist der Wunsch an den Coach, dass dieser Expertenhinweise gibt, wie andere Personen dazu gebracht werden können sich zu ändern.

Während einer Coaching-Sitzung, die durch eine klagende Beziehungsdynamik geprägt ist, lädt der Coach den Klienten immer wieder ein, von der Problembeschreibung in die Lösungsbeschreibung zu wechseln. Dabei ist es natürlich eine Voraussetzung, dass zuerst das beklagte Problem ernst genommen wird und dem Klienten die notwendige Wertschätzung entgegengebracht wird:

▷   **Wertschätzung und Einladung zum Solution Talk**
Coach: „Sie haben mir eine sehr klare und detaillierte Beschreibung
der Situation und der beteiligten Personen gegeben. Danke dafür! Ich
sehe, dass die Situation sehr belastend für Sie sein muss und verstehe,
warum Sie hier sind. Mir stellt sich nun die Frage, was passieren muss,
damit die Situation besser wird."
Klient: „XY muss sich einfach fairer verhalten. Er muss mich verstehen und auf mich eingehen. Außerdem muss er mich respektvoll
behandeln."
Coach: „Nehmen wir einmal an, dass XY sich wie durch ein Wunder
Ihnen gegenüber fair und respektvoll verhält, wie werden Sie darauf
reagieren?"
Klient: „Also, das müsste schon ein großes Wunder sein... Aber
wenn er sich wirklich anständig benehmen würde, dann würde ich
mich natürlich auch anders verhalten können!"
Coach: „Wie genau anders werden Sie sich dann verhalten?"...

Natürlich würde mit dieser kleinen Sequenz das Klagen und der Problem Talk
nicht vollkommen verschwinden. Wahrscheinlich bräuchte es mehrere Anläufe
des Coaches, immer wieder von Problem Talk zum Solution Talk zu kommen.
Und da Problem und Ziel unabhängig voneinander sind, ist die zentrale Frage, die
immer wieder bei Klagen gestellt werden kann:

▷   „Was möchten Sie stattdessen?"

Positive Absicht und weitere Gesprächsansätze
Es ist also der Kern der Wunderfrage, der in unterschiedlichster Form in den Fragen nach dem Zielzustand wieder auftaucht. Damit diese Einladung angenommen
wird, gilt es, den Boden mit der entsprechenden Wertschätzung zu bereiten. Dazu
ist es für den Coach wichtig, die positive Absicht hinter den Klagen zu hören.
Eine systemische Grundannahme ist ja, dass alles menschliche Verhalten eine
positive Absicht verfolgt und jeder Mensch sich so verhält, wie es ihm möglich ist
und sinnvoll erscheint. Wenn ein Klient in erste Linie also klagt, möchte er damit
etwas Positives erreichen. Was ist dieses Positive? Gehört zu werden? Ausdruck
einer besonderen Werthaltung? Wunsch nach Veränderung? Was auch immer es
ist, es ist es wert, dem Klienten gespiegelt zu werden und damit zu demonstrie-
ren, dass seine positive Absicht geschätzt wird. Es wird also nicht die Absicht

des Klienten infrage gestellt, sondern nur gemeinsam ein passenderer Weg zur Erfüllung der positiven Absicht gesucht. Weitere Gesprächsansätze für den Klagenden Beziehungstyp werden durch die Grundannahmen im Kap. 2 geliefert:

1. Was nicht kaputt ist, muss man auch nicht reparieren.
   a) „Was funktioniert denn heute schon, trotz all der beschriebenen Probleme?"
2. Das, was funktioniert, sollte man häufiger tun.
   a) „Wann hat es denn ein wenig besser geklappt, als gerade beschrieben?"
3. Wenn etwas nicht funktioniert, sollte man etwas anderes probieren.
   a) „Ich habe glaube ich verstanden, was alles nicht geklappt hat. Das brauchen wir also nicht zu wiederholen. Vielleicht können wir überlegen, was noch nicht probiert wurde."
4. Kleine Schritte können zu großen Veränderungen führen.
   a) „Das hört sich nach einer großen Aufgabe an. Vielleicht ist die Aufgabe als Ganzes zurzeit etwas groß und unübersichtlich. Was könnten wir uns stattdessen als ersten kleinen Babyschritt in Richtung Veränderung vorstellen?"
5. Die Lösung hängt nicht zwangsläufig mit dem Problem direkt zusammen.
   a) „Lassen wir Herrn XY für den Moment einmal außen vor. Wie stellen Sie sich denn generell einen guten Arbeitstag vor?"
6. Die Sprache der Lösungsentwicklung ist eine andere als die, die zur Problembeschreibung notwendig ist.
   a) „Danke für die detaillierte Beschreibung des Problems. Dabei ist mir deutlich geworden, dass Sie eine große Kompetenz im Umgang mit der Situation entwickelt haben. Können Sie mir bitte noch genauer erklären, wie Sie es schaffen, mit der Situation umzugehen?"
7. Kein Problem besteht ohne Unterlass.
   a) „Ich habe verstanden, dass die Situation durchgehend unerträglich ist. Das muss sehr belastend sein. In welchen wenigen Momenten ist es vielleicht etwas weniger belastend als sonst üblich?"
8. Die Zukunft ist sowohl etwas Geschaffenes als auch etwas Verhandelbares.
   a) „Wenn wir noch einmal zu dem Grund Ihres Kommens zurückkehren, was genau möchten Sie durch unsere Zusammenarbeit erreichen?"

Das Muster dieser Gesprächsansätze sollte nunmehr deutlich geworden sein: Ernst nehmen – Wertschätzen – Nutzen. Hier ist deutlich das Erbe des Hypnotherapeutischen Ansatzes von Erickson zu sehen. Alles, was uns unser Klient im

Coaching anbietet, kann auch genutzt werden, um ihn in seiner Zielerreichung zu unterstützen. Und da Klienten in der Beziehungsdynamik Klagender viel zu berichten haben, haben wir als Coach auch viele Ansatzpunkte genau dies zu tun. Dies ermöglicht dann das Coaching in der Beziehungsdynamik Kunde weiterzuführen.

3. **Beziehung vom Typ Besucher:** Manchmal werden auch Klienten ins Coaching geschickt, da zum Beispiel ihr Vorgesetzter meint, sie sollen sich ändern. Der Vorgesetzte ist damit in der Beziehungsdynamik Klagender. Da wir aber kein Mandat haben mit dem Vorgesetzten zu arbeiten, sitzt uns nun ein Klient gegenüber, der kein Problem, kein Ziel und keine Veränderungserwartung hat – zumindest nicht am Anfang des Coachings. Ziel ist es also, eine gemeinsame Problem- und Zielbeschreibung zu erreichen. Im Coaching kann man oft ein erstes Dreier-Gespräch initiieren, wenn Klient und Auftraggeber nicht identisch sind. Ziel des Gesprächs ist es dann, die allgemeinen Ziele des Coachings festzulegen. Unabhängig davon, ob der Klient die Ziele des Auftraggebers teilt oder nicht, kann diese Beschreibung als Ausgangspunkt für die weitere Arbeit genommen werden.

> ▷ „Wenn ich Sie richtig verstanden habe, dann können Sie die Sichtweise Ihres Chefs nicht nachvollziehen. Sie sehen keinen Bedarf, noch besser mit Ihren Kollegen zusammenzuarbeiten. Was stattdessen ist es denn aus Ihrer Sicht wert im Coaching besprochen zu werden?"

Auch hier wenden wir ein ähnliches Vorgehen an wie bei einem Coaching mit der Beziehungsdynamik Klagender: Wertschätzung und Einladungen zum Solution Talk. Sehr häufig wechselt die Beziehungsdynamik Besucher zu Klagender. Dies schon allein deshalb, da der Klient ja von jemandem geschickt wurde, der ihn als „defizitbehaftet" wahrnimmt, was in aller Regel als Bewertung der eigenen Person abgelehnt wird. Wir arbeiten also nicht an der Problemzuschreibung zum Klienten durch den Auftraggeber, sondern holen den Klienten bei seiner Wahrnehmung zur Situation ab. Dies ermöglicht den notwendigen Beziehungsaufbau, der einen Wechsel der Beziehungsdynamik zu Klagender und eventuell zu Kunde möglich macht.

Schwierige Antworten und Fragen von Klienten
Zu den schwierigen Situationen im lösungsfokussierten Coaching gehören natürlich auch immer wieder sprachliche Reaktionen des Klienten, die so nicht erwartet wurden. Im Folgenden sind einige typische Antworten/Fragen von

Klienten mit möglichen Reaktionen des Coaches aufgeführt. Ob die jeweilige Antwort des Coaches Sinn macht, hängt natürlich im Wesentlichen von der Beziehung zum Klienten und der konkreten Situation ab. Die Antworten sollen hier also eher die eigene Fantasie anregen und nicht als fertiges Rezeptwissen verstanden werden.

Klient:	Ich weiß nicht woran ich merken würde, dass ein Wunder geschehen ist! Woran soll ich das denn merken?
Coach:	Was ist denn dann statt des Problems da?/Wie wünschen Sie sich den idealen Tag?
Klient:	Ich weiß es nicht!
Coach:	Es ist ja auch eine schwierige Frage. In welche Richtung würde denn Ihre Antwort gehen, wenn Sie es wüssten?
Klient:	Ich weiß nicht was ich will, deswegen bin ich ja hier!
Coach:	Die Antwort auf die Frage ist natürlich auch eine bedeutende, die ein wenig mehr Zeit benötigt. Was ist denn bisher schon ein wenig klar?
Klient:	Was würden Sie denn an meiner Stelle machen?
Coach:	Gerne kann ich Ihnen später meine persönliche Einschätzung zu der Situation geben. Vorher würde mich allerdings Ihre Sichtweise interessieren.
Klient:	Ich habe keine Idee. Sie kennen doch bestimmt ähnliche Situationen. Was fällt Ihnen denn ein?
Coach:	Gerne teile ich meine Erfahrungen mit Ihnen. Damit ich keine Vorschläge mache, die Sie schon probiert und verworfen haben, würde mich zuerst interessieren, was Sie schon alles probiert haben. ... Was von diesen Ansätzen hat am meisten gebracht?
Klient:	Es gab keine Verbesserungen. Im Gegenteil! Es ist alles schlechter geworden.
Coach:	Wo genau auf der Skala von 1–10 stehen Sie denn heute? ... Wie haben Sie es geschafft, nicht noch weiter herunterzurutschen? (siehe Abschn. 3.4 Fortschritte erkennen und verstärken)

Die meisten Antworten ergeben sich aus der Anwendung der Grundannahmen und einer bedingungslosen Wertschätzung dem Klienten gegenüber. Dieser hat immer einen guten Grund so zu reagieren, wie er reagiert. Daher sind die Fragen des Klienten auch keinerlei Form von „Widerstand" gegenüber dem Coaching, den Fragen oder gar dem Coach. Vielmehr weisen Sie uns auf das Bedürfnis nach einem anderen Zugang oder auch nach mehr Wertschätzung hin.

Handwerkszeug

4

4.1 Die Wunderfrage und ihre Kinder

Steve de Shazer hat oft betont, dass der Wunderfrage ein kleiner Geburtsfehler mitgegeben wurde, als sie Wunder-*Frage* genannt wurde. Die Wunderfrage ist im eigentlichen Sinne keine einfache Frage. Es ist eher ein Dialog zwischen Klient und Berater, der sich dem Problem Talk anschließt und den Fokus weg vom Problem hin zur Lösung lenkt. Der Klient soll unterstützt werden, eine Zukunft ohne das Problem zu entwerfen. Als Ziel reicht eben nicht die Abwesenheit des Problems, sondern es sollte auch ein möglichst konkretes Bild davon entstehen, was man stattdessen will.

Nach der Entwicklung der Wunderfrage wurde diese Intervention schnell fester Bestandteil eines jeden Gesprächs. Ziel ist es, den Klienten eine Vorstellung davon entwickeln zu lassen, wie seine Welt aussieht, wenn er sein Ziel erreicht hat.

© Springer Fachmedien Wiesbaden GmbH, ein Teil von Springer Nature 2019
J. Middendorf, *Lösungsorientiertes Coaching,* essentials,
https://doi.org/10.1007/978-3-658-25797-2_4

Je klarer das Bild ist, desto klarer sind dann auch die Schritte, die er unternehmen muss, um diese Situation zu erreichen. Im Folgenden sind typische Schritte dieses Dialogs dargestellt.

Einladen zu einem Experiment

Ich würde Ihnen gerne eine etwas merkwürdige Frage stellen. Eine Frage, deren Beantwortung vielleicht etwas Fantasie benötigt.
Pause zum Spannungsaufbau und zum Abwarten der Reaktion des Klienten

Einleitung der Frage

Stellen Sie sich vor, nachdem wir heute unsere Sitzung beendet haben gehen Sie nach Hause, erledigen die Dinge, die Sie üblicherweise erledigen, essen zu Abend, schauen vielleicht ein wenig Fernsehen usw. Irgendwann gehen Sie zu Bett.
Pause, damit der Klient sich die Situation vorstellen kann

Das Wunder und die Frage

Während Sie schlafen passiert ein Wunder... Das Wunder ist, dass das Problem, weswegen Sie heute hier sind, gelöst ist. Einfach so...

Wirkungspause
Sie wissen aber noch nicht, dass das Problem gelöst ist, da Sie ja geschlafen haben.

Wirkungspause
Wenn Sie nun am Morgen aufwachen, wie werden Sie als erstes feststellen, dass das Wunder passiert ist?

Pause, Pause, Pause – Der Klient braucht Zeit zum Überlegen, die nicht durch weitere Fragen unterbrochen werden sollte. Selbst wenn der Klient etwas viel Fantasie in seine Antwort legt („Es regnet Rosen vom Himmel...") sollte der Berater noch nichts sagen, sondern warten, bis der Klient die Veränderung etwas lebensnäher beschreibt.

Exploration des Wunders
- *Woran werden Sie es noch merken?*
- *Woran wird Ihr bester Freund bemerken, dass Ihnen das Wunder widerfahren ist?*
- *Woran in Ihrem Verhalten wird Ihr Freund (Partner, Kollege, Chef,...) merken, dass etwas anders ist?*

- *Wer wird es noch merken? Woran?*
- *Das ist ein sehr großes Wunder! Was wäre vielleicht die erste kleine Sache anhand derer Sie merken werden, dass das Problem weg ist?*
- *Wenn xy weg ist, was machen Sie stattdessen?*

Natürlich werden diese Fragen nicht einfach hintereinander gestellt. Wie gesagt, geht es hier um einen Dialog und die Antworten brauchen Zeit. Lassen Sie Ihrem Klienten Zeit, sich die Situation konkret vorzustellen und dann zu antworten. Sollte einmal keine Antwort kommen, so schweigen Sie (6 s Regel), anstatt gleich die nächste Frage zu stellen.

Arbeiten mit dem Wunder und alternative Fragen
Ist das Wunder ausführlich und konkret beschrieben, so schließt sich die weitere Arbeit an der Lösung an, so wie in den vorherigen Kapiteln beschrieben.

Im Laufe der Zeit hat sich im Bereich des Coachings eine andere Frage entwickelt, die das gleiche Ziel wie die Wunderfrage verfolgt. Wie schon kurz in Kap. 3 erwähnt, fragen Chris Iveson und Kollegen ihre Klienten direkt am Anfang der Sitzung: „What are your best hopes from our work together?" (2012). Durch diese Frage wird von Anfang an verhindert, dass sich der Klient in den Problem Talk begibt und in seiner üblichen Schleife der Problemdarstellung verfängt. Wird die Frage aufgenommen, so ist man direkt in der Beschreibung einer veränderten Zukunft und damit im Solution Talk angekommen. Aufbauend auf der Antwort führen Peter Szabó und Daniel Maier (Solution Surfer) die Antwort auf die Best-Hope Frage weiter: „Nehmen wir an, ihre beste Hoffnung hat sich erfüllt oder übertroffen, was und wie ist dann anders?" Die Frage stellt also eine Art Brücke zwischen der Beschreibung der erwünschten Zukunft (Best-Hope) und dem Erkunden der Unterschiede dar, die sich zeigen können, wenn die Zukunft erreicht ist.

Den gleichen Ansatz wie die Best-Hope-Frage verfolgen Peter Szabó und Daniel Meier übrigens auch, wenn sie fragen: „Was sind Ihre kühnsten Hoffnungen für die Auswirkungen unseres Gesprächs auf Ihren Alltag?" Durch die Betonung der „kühnsten Hoffnung" wird der Klient fast schon zum Nachdenken gezwungen... *„Kühnste Hoffnung? Wirklich die kühnste Hoffnung? Also, wenn Sie mich so fragen...".* Da wir heutzutage das Wort „kühn" nicht mehr besonders häufig verwenden, erzeugt es oft auch eine positive Irritierung des Klienten. Er wird aus seiner Problemtrance herausgerissen und muss sich kurz neu orientieren, bevor er auf die Frage antworten kann.

Mit der Beantwortung der Frage und deren weiteren Exploration analog zur Wunderfrage würde sich auch hier die Arbeit mit Blick auf die Unterschiede zur aktuellen Situation anschließen.

4.2   Skalen-Fragen

Laut de Shazer wurde die Skalen-Frage gar nicht von ihm oder einer der anderen Therapeuten des BFTC erfunden, sondern einfach aus der Arbeit mit Klienten übernommen. Der ein oder andere Klient fing an seine Einschätzung der Situation oder seine Befindlichkeit auf einer Skala von 0 bis 10 zu bewerten. Da sich diese Art der Beschreibung als extrem hilfreich herausstellte, wurde diese Frage übernommen und weiterentwickelt – ganz getreu dem Motto: Wenn etwas funktioniert, mache mehr davon! In meinen Coachings ziehe ich es übrigens vor mit Skalen von 1 bis 10 zu arbeiten. Die 0 an sich scheint mir als Bild zu negativ, auch wenn Zahlen alleine noch nicht viel aussagen.

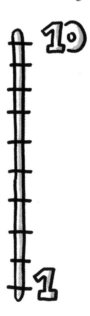

Die Skalen-Fragen können am besten eingesetzt werden, wenn der Klient seine erwünschte Zukunft beschrieben hat. Sei es nun durch die Wunderfrage oder die Best-Hope-Frage. Ist der Austausch über das Wunder oder die beste Hoffnung so klar und plastisch, dass der Coaching-Klient und auch der Coach eine gute Vorstellung von der Situation hat, dann ist es Zeit für die Skalen-Frage. Die Beschreibung der gewünschten Zukunft stellt dann die Spitze der Skala dar, die 10. Die 1 dagegen wird in der Regel als Zeitpunkt definiert, zu dem sich der Klient entschieden hat ins Coaching (oder eine andere Form der Beratung) zu gehen. Hier muss also nicht die denkbar schlechteste Situation erfragt werden. Es reicht einen Zeitpunkt zu wählen, an dem das Thema noch vorwiegend als Problem definiert wurde und der noch nicht allzu lange her ist. Die Zahlen an sich sagen sowieso nicht viel aus. Was heißt es schon, wenn ein Coaching-Klient sagt, dass er mit Blick auf das Ziel bei einer 6 steht? Ist das jetzt gut oder schlecht? Ist er damit zufrieden oder darüber deprimiert? Was steckt hinter der 6? Welche Ressourcen sind damit verknüpft? Welchen Weg sieht der Klient noch vor sich? Die Skala ist nur ein Vehikel in der Kommunikation und macht es einfacher über Zukunft, Sub-Ziele, Unterschiede, Ressourcen und Anzeichen für nächste Stufen auf der Skala zu sprechen. Hier nun ein Beispiel:

> ⯈   Auf einer Skala von 1 bis 10, wobei 1 für die Situation steht, in der Sie sich entschieden haben ins Coaching zu gehen, und 10 dafür steht, dass das Wunder eingetreten ist, von dem wir gesprochen haben. Wo stehen Sie heute?

Nun nennt der Klient in der Regel eine Zahl, die oberhalb des niedrigsten Skalenpunktes liegt. Dabei ist es egal, ob der Klient nun von einer 1,5 oder einer 5 oder irgendeiner anderen Zahl spricht. Wichtig ist das konkrete Erfragen, was diese Zahl ausmacht und welche Ressourcen mit dem Erreichen dieser Zahl verbunden sind.

> ⯈   O. k. Sie sind heute also bei einer 3. Woran machen Sie fest, dass Sie bei einer 3 sind? Wie haben Sie es geschafft auf die 3 zu kommen? Was haben Sie noch gemacht? Was noch? Was noch?...

Es gilt hier also, Bewusstsein darüber zu schaffen, dass der Klient Ressourcen eingesetzt hat, die ihn von der 1 auf die Zahl X gebracht haben. Dies betont zum einen die Selbstwirksamkeitskräfte des Klienten, welche wichtig sind für die Motivation seine Zukunftspläne weiterhin zu verfolgen. Zum anderen liegen hier schon Möglichkeiten verborgen, noch mehr davon einzubringen, was gut für den Klienten ist. Es werden in der Beschreibung des Klienten Ressourcen aufgedeckt, die für die weitere Arbeit genutzt werden können. Doch damit erschöpft sich diese Skalenfrage noch lange nicht. Denn jetzt geht es damit weiter das Ziel herunterzubrechen und in kleinere, erreichbarere Ziele zu verwandeln.

> Wenn Sie nun auf der Skala ein klein wenig nach oben gehen, sagen wir von der 4 auf die 5 – o. k.? Was wird dann anders sein? Woran erkennen Sie, dass Sie auf der 5 sind?

Bei der Beantwortung der Frage beschreibt der Klient automatisch ein Sub-Ziel, welches ihn seiner gewünschten Zukunft näher bringt. Gleichzeitig denkt der Klient auch die Anzeichen von Fortschritt vor und stellt damit sicher, dass er sie nicht verpasst, wenn sie sich dann manifestieren (Peter Szabó, persönliche Korrespondenz). Wichtig dabei ist, dass man nicht im Konjunktiv fragt: „Was würden Sie anderes machen, wenn Sie auf der 5 wären?" Weil das ja genau die Frage ist, die sich der Klient schon oft gestellt hat und die er nicht beantworten kann. *„Wenn ich wüsste, was ich anders machen könnte, wäre ich ja nicht hier..."* Daher lässt man den Klienten beschreiben, woran er merkt, dass er einen Schritt weiter ist und arbeitet dann mit dieser Beschreibung der näheren Zukunft.

Genau wie bei der Wunderfrage kann man auch bei der Skalenfrage das Erreichen der nächsten Stufe noch genauer erfragen, indem man wieder dritte Personen einführt:

> Woran wird Ihr bester Freund merken, dass Sie einen Schritt weitergekommen sind? Woran wird Ihr Chef merken... usw.

Zusammenfassend kann man also sagen: Skalen dienen ...

1. ...der Verdeutlichung und/oder der Visualisierung einer Einschätzung (Kommunikationsmittel)
2. ...der Differenzierung einer Sichtweise (Schwarz – Weiß vs. von 1–10 oder auch 100)
3. ...der Entwicklung von Sub-Zielen (kleine Schritte)
4. ...der Entdeckung (durch Beschreibung) der nächsten Schritte zur Veränderung
5. ...der Beschreibung eines Fortschritts

Auf den letzten Punkt „Beschreibung eines Fortschritts" soll hier noch einmal explizit eingegangen werden, da dies ja praktisch die Einleitung in die Folgesitzung ist. Skalen eignen sich auch hervorragend, um an die letzte Sitzung anzuknüpfen.

▷   Mit Blick auf Ihr Ziel, welches auf unserer Skala ja die 10 ist, wo stehen
     Sie heute?

Schon ist man wieder dabei über Veränderungen, Verhalten, Erfolge etc. zu sprechen. Selbst wenn die Zahl niedriger sein sollte als am Ende der letzten Sitzung
stellt sich einem lösungsfokussierten Coach ganz natürlich die Frage: „Wie haben
Sie es in dieser Situation geschafft nur um einen Punkt nach unten zu rutschen,
anstatt zwei oder sogar drei Punkte nach unten zu gehen?" Dies wären übrigens
auch Fragen, die der Coach stellen kann, wenn schon bei der ersten Frage nach
der Position auf der Skala eine Null genannt wird. Auch hier kann man fragen,
wie der Klient es geschafft hat, nicht noch weiter herunterzurutschen. Oder
wie der Klient die Kraft aufgebracht hat, zum Coaching-Termin zu erscheinen,
obwohl er heute bei der 0 steht. Ressourcen sind also immer da, man muss sie nur
sehen – und dabei helfen Skalen!

In der Regel unterstützt das Arbeiten mit Skalen die Lösungsfokussierung
des Klienten, fördert seine Motivation und Zuversicht und bereitet ihn auf die
nächsten Schritte vor. Wie vielfältig Skalen zu verwenden sind, zeigt auch diese
(unvollständige) Auflistung von Themen, die mithilfe von Skalen einfach erfragt
werden können:

- Nähe zur erwünschten Zukunft
- Ausmaß des Leidensdrucks
- Qualität der Beziehung zum Berater
- Qualität der Beziehung zwischen Personen allgemein
- Zufriedenheit mit dem Prozess (oder einer Situation, Entwicklung, etc.)
- Zuversicht über den Erfolg
- Ausmaß der Hoffnung darüber, dass sich etwas zum Positiven verändern wird
- Bereitschaft zum Handeln
- Klarheit über die nächsten Schritte
- Fortschritte seit einem Punkt X in der Vergangenheit (z. B. letzte Beratungs-
  sitzung)
- Alle Formen der Veränderung (Ausmaß des Problems, Entwicklung in einer
  Beziehung, Nähe zum Ziel, etc.)
- Einschätzung der eigenen Kreativität (Kraft, Geduld, Wille, …)
- Ausmaß bestimmter Stimmungen und Emotionen (Niedergeschlagenheit,
  Optimismus, Entspannung, Aggressionen, etc.)

Wie Sie sehen, sind Ihrer Fantasie hier keine Grenzen gesetzt. Entwickeln Sie
Ihren eigenen Umgang mit Skalen. Einen Hinweis möchte ich Ihnen noch geben,

den ich selber von Peter Szabó und Daniel Meier bekommen habe: Auf einer Skala lassen sich nicht nur einzelne Punkte markieren, sondern auch Bereiche. Oftmals fällt es Klienten schwer, sich auf einen einzelnen Punkt festlegen zu müssen. Mal ist es so und ein anderes Mal so. Dann kann man natürlich einen gefühlten Durchschnittswert nehmen. Man kann dem Klienten aber auch anbieten einen Bereich festzulegen, in dem sich z. B. seine Zuversicht über die Möglichkeiten zur Veränderung aktuell befindet. So baut man dem Klienten eine Brücke die Skala zu nutzen, ohne sich widerwillig auf einen Punkt festlegen zu müssen.

Gleichzeitig kann ich auch wieder nach dem Unterschied fragen, den es macht, wenn der Klient sich am oberen Ende eines solchen Skalenbereichs befindet. Analog dazu kann ich auch in den Folgesitzungen Bandbreiten auf der Skala nutzen und es so dem Klienten einfacher machen, seine Fortschritte zu beschreiben:

▷ Seit unserem letzten Treffen gab es bestimmt Veränderungen, die mal in die gewünschte Richtung gegangen sind, aber vielleicht auch mal in eine unerwünschte Richtung. Wenn Sie nun unsere Skala von 1 bis 10 nehmen, welcher Wert markiert eine Situation, die am weitesten weg war von Ihrem Ziel? Und welcher Wert markiert eine Situation, die am nächsten an Ihr Ziel herangekommen ist?

Man ermöglicht es dem Klienten also, über die Hochs und Tiefs der letzten Zeit zu sprechen, geht dann aber mit der Aufmerksamkeit wie gewohnt auf die positive Seite und exploriert, was beim höchsten Punkt auf der Skala anders war. Wie er es geschafft hat dort zu landen, und was noch? Was noch? Was noch?

4.3   Formula First Session Task & Komplimente

Am Anfang des Buches wurde in einer Anekdote eine der Geburtsstunden des lösungsfokussierten Ansatzes beschrieben, als einer Familie geraten wurde in den nächsten zwei Wochen auf das zu achten, was sich in ihrem Leben nicht verändern soll. Genau dies ist die Formula First Session Task (FFST)! Die FFST ist eine Aufgabe für den Klienten, die eine Zeit lang standardmäßig als Aufgabe am Ende der ersten Sitzung mitgegeben wurde. Ziel der Aufgabe ist es, den Fokus der Klienten weg vom Problem hin zu einer möglichen Lösung und zu vorhandenen Ressourcen zu lenken. Im Original lautet die Frage wie folgt:

Wir (ich) möchte(n) Sie bitten, von jetzt an und bis zu unserem nächsten Treffen auf alle Vorgänge in Ihrer Familie (Ihrem Leben, Ihrer Ehe, Ihrer Beziehung) zu achten – und zwar so, dass Sie sie uns (mir) das nächste Mal schildern können – deren Fortsetzung Sie wünschen (de Shazer 1985).

Neben mehr Klarheit über die eigenen Ziele und Ressourcen soll die Aufgabe auch den Optimismus über die eigenen Fähigkeiten zur Zielerreichung steigern. Die Gewissheit, Dinge zum Positiven beeinflussen zu können (Selbstwirksamkeit), ist ein zentraler Punkt in der Motivation von Veränderungsprozessen. In der Regel bewirkt die Aufgabe, dass aus einer ursprünglich eher negativ gefärbten Sicht auf die Situation eine differenziertere Sicht wird. Allein schon daraus erwächst Kraft für den Umgang mit der Situation oder der vorgenommenen Veränderung. Gleichzeitig sind die berichteten positiven Aspekte der aktuellen Lebenssituation Ressourcen, die für die weitere Veränderung genutzt werden können. Sei es, weil dem Klienten selber mehr konstruktive Ausgangspunkte für die Veränderung auffallen, weil die Perspektivenerweiterung neue Möglichkeiten sichtbar gemacht hat oder einfach nur, weil der Klient mit mehr Zuversicht an die nächsten Schritte herangehen kann.

Komplimente
Diese Zuversicht und auch die Steigerung der Selbstwirksamkeitswahrnehmung wird durch einen weiteren Aspekt gefördert, der am Ende der Sitzung steht: Komplimente! Der Klient ist in der Regel zu sehr mit seinen Problemen

beschäftigt, als dass er sieht, was er schon alles erreicht hat und wie gut er mit bestimmten Dingen umgeht. Der Coach im lösungsfokussierten Coaching hat aber genau auf diese Dinge ein zentrales Augenmerk und hört genau zu. Daher fällt es am Ende einer Sitzung recht leicht Aspekte herauszustellen, die der Klient als Kompliment empfindet. Dabei ist es wichtig, dass Komplimente sich immer auf konkrete Beobachtungen von Stärken und Ressourcen des Klienten beziehen. Ein einfaches „Sie machen das ganz toll" überzeugt Klienten üblicherweise nicht und kann sogar als Abwertung verstanden werden. Die Komplimente sollten auf Beobachtungen des Coachs beruhen, die der Klient auch nachvollziehen kann. Hier ein Beispiel:

> ▶ „Ich bin beeindruckt von Ihrer Kreativität, mit der Sie nach einer Lösung suchen. Sie haben heute viele Ideen produziert, wie Sie Ihr Arbeitsumfeld befriedigender gestalten können und auch schon berichtet, welche Ihrer Stärken Sie dafür konkret einsetzen werden. Genauso beeindruckt bin ich von der Entschlossenheit, mit der Sie neue Dinge ausprobieren wollen. Sie haben sich drei konkrete Dinge vorgenommen, die Sie innerhalb der nächsten zwei Wochen umsetzen werden. Das ist aus meiner Sicht ein sehr vielversprechender Anfang!"

Genau jetzt, nach den Komplimenten, kommt die oben beschriebene FFST zum Einsatz:

> ▶ „Neben all den geplanten Veränderungen bitte ich Sie bis zu unserem nächsten Treffen zu beobachten, was in Ihrem Arbeitsleben und dem Arbeitsumfeld so ist, dass Sie es gerne beibehalten möchten. Was soll so bleiben, wie es ist, weil es gut für Sie ist?"

Zu guter Letzt soll noch kurz darauf eingegangen werden, warum diese Aufgabe Formula First Session Task heißt. Dazu ist es hilfreich zu verstehen, dass in der Tradition der ursprünglichen Familientherapie am Ende einer Sitzung jeweils eine sehr genau geplante Intervention (oft in Form einer Aufgabe an die Familie) gesetzt wurde. Ein ganzes Team von Therapeuten hat sich dazu Gedanken gemacht. Ziel war es eine für das einzigartige Problem der Familie genauso einzigartige und punktgenaue Intervention zu gestalten. Hier sollte also für das komplizierte Schloss der genau passende Schlüssel gefunden werden. Später wurde von der Mailänder Schule der Familientherapie nach eher standardisierten Formen der Intervention gesucht. Dies nahmen de Shazer und seine Kollegen auf und entwickelten eine Intervention, die für alle Klienten gleich lautete und unabhängig vom Problem war – eben ein Dietrich.

Heute wird die FFST nicht nur zum Abschluss der ersten Sitzung gestellt, sondern teilweise schon vor der ersten Sitzung. Da der Erstkontakt oft am Telefon stattfindet, kann man natürlich auch schon zu diesem Zeitpunkt Klienten ermuntern, bis zum ersten Treffen auf alles zu achten, was heute schon in die richtige Richtung geht, hilfreich ist oder sich vielleicht schon verbessert hat. Dies trägt der Beobachtung Rechnung, dass viele Veränderungen in Richtung Ziel schon beginnen, wenn der Entschluss zum Coaching gefasst wurde. So kann man in der ersten Sitzung bereits die positiven Impulse und die dahinterliegenden Ressourcen für das weitere Coaching nutzen. Da Veränderungen immer geschehen (im Leben kann sich nichts nicht verändern), wird hier ein natürlicher Prozess genutzt und nur der Beobachtungsfokus auf das Positive in diesen Veränderungen gelegt.

Was Sie aus diesem *essential* mitnehmen können

Coaching-Klienten …

- *… brauchen keinen Arzt, der eine Diagnose stellt*
  - Lösungsfokussiertes Coaching unterscheidet sich fundamental von anderen Formen des Coachings, da auf jede Diagnose und Analyse verzichtet wird
- *… brauchen lediglich einen Dietrich, um das Schloss zu öffnen*
  - Konkrete Wege zu mehr Zufriedenheit und Zielerreichung sind unabhängig von möglichen Problemen
- *… sind der Experte für Ihr Leben!*
  - Wir gestalten uns unsere Zukunft selber – wir alle sind Experten für unser eigenes Wohlbefinden
- *… finden Ihren eigenen Weg!*
  - Der Coach unterstützt den Coaching-Klienten beim Finden des passenden Weges zur selbst gestalteten Zukunft – gibt diesen aber nicht vor
- *… haben bereits alles, was notwendig ist!*
  - Coaching-Klienten haben alle Ressourcen, um ihr Leben zu verbessern
- *… verändern sich auf jeden Fall!*
  - Veränderungen lassen sich gar nicht verhindern – lösungsfokussiertes Coaching hilft Klienten, die für sie passende Richtung der Veränderung einzuschlagen

© Springer Fachmedien Wiesbaden GmbH, ein Teil von Springer Nature 2019   59
J. Middendorf, *Lösungsorientiertes Coaching,* essentials,
https://doi.org/10.1007/978-3-658-25797-2

Literatur

Asay, T. P., & Lambert, M. J. (1999). The empirical case for the common factors in therapy: Quantitative findings. In M. A. Hubble et al. (Hrsg.), *The heart and soul of change: What Works in Therapy* (S. 23–55). Washington D.C.: American Psychological Association.

Bamberger, G. G. (2015). *Lösungsorientierte Beratung* (5., Überarbeitete Aufl., erste Aufl. 1999). Weinheim: Beltz.

Bandura, A. (1977). Self-efficacy: Toward a unifying theory of behavioral change. *Psychological Review, 84*(2), 191.

Bannink, F. (2015). *Lösungsfokussierte Fragen: Handbuch für die lösungsfokussierte Gesprächsführung.* Göttingen: Hogrefe (Originalausgabe 2006 Oplossingsgerichte vragen. Handboek oplossingsgerichte gespreksvoering, Pearson Assessment and Information, Amsterdam).

De Jong, P., & Kim Berg, I. (1998). *Lösungen (er)finden: Das Werkstattbuch der lösungsorientierten Kurzzeittherapie.* Dortmund: Verlag Modernes Leben.

De Shazer, S. (1998). „...Worte waren der ursprüngliche Zauber". *Lösungsorientierte Therapie in Theorie und Praxis* (2. Aufl.). Dortmund: Verlag Modernes Lernen (Originalausgabe 1994 Words were originally magic, W. W. Norton & Company New York).

De Shazer, S. (2003). *Wege der erfolgreichen Kurztherapie* (8. Aufl). Stuttgart: Klett-Cotta (Originalausgabe 1985 Keys to Solution in Brief Therapy, W. W. Norton & Company New York).

De Shazer, S. (2004a). *Der Dreh: Überraschende Wendungen und Lösungen in der Kurzzeittherapie* (8. Aufl.). Heidelberg: Carl-Auer-Systeme (Originalausgabe 1988 Clues, Investigating Solutions in Brief Therapy).

De Shazer, S. (2004b). *Das Spiel mit den Unterschieden: Wie therapeutische Lösungen lösen* (4. Aufl). Heidelberg: Carl-Auer-Systeme (Originalausgabe 1991 Putting Differencee to Work, W. W. Norton & Company New York).

De Shazer, S., & Dolan, Y. (2016). *Mehr als ein Wunder: Lösungsfokussierte Kurztherapie heute* (5. Aufl). Heidelberg: Carl-Auer-Systeme (Originalausgabe 2007 More than Miracles, Hayworth Press).

Dilts, B. R. (1993). *Die Veränderung von Glaubenssystemen.* Paderborn: Junfermann.

Iveson, C., George, E., & Ratner, H. (2012). *Brief coaching: A solution focused approach.* Routledge: London.

© Springer Fachmedien Wiesbaden GmbH, ein Teil von Springer Nature 2019   61
J. Middendorf, *Lösungsorientiertes Coaching,* essentials,
https://doi.org/10.1007/978-3-658-25797-2

Kim Berg, I. Student's corner. http://www.sfbta.org/BFTC/Steve&Insoo_PDFs/insoo_students_corner.pdf. Zugegriffen: 27. Jan. 2017.

Kim Berg, I. Paradigm-shift. http://www.sfbta.org/BFTC/Steve&Insoo_PDFs/paradigmshift.pdf. Zugegriffen: 27. Jan. 2017.

Meier, D., & Szabó, P. (2008). *Coaching erfrischend anders*. Luzern: Solutions Surfers GmbH & Weiterbildungsforum.

O'Connell, B., Palmer, S., & Williams, H. (2014). *Lösungsorientiertes Coaching in der Praxis*. Paderborn: Junfermann (Originalausgabe 2012, Routledge London).

Watzlawick, P. (1990). *Menschliche Kommunikation: Formen, Störungen, Paradoxien* (9. Aufl). Göttingen: Huber (Originalausgabe 1967 Pragmatics of Human Communication, A Study of Interactional Patterns, Pathologies, and Paradoxes; W. W. Norton & Company, New York).

Printed in the United States
By Bookmasters